FRENCH L~~

Since 1974 the French Litera ~~~~~~~~~~~~~~~~~~~~~~~~~~~~~ inction
with the annual French Literature ~~~~~~~~~~~~~~~~~~~~~~~~~~~~ ıent of
Languages, Literatures, and Culture ~~~~~~~~~~~~~~~~~~~~~~~~~~~ olum-
bia, South Carolina, USA. In additı ~~~~~~~~~~~~~~~~~~~~~~~~~~~ publication by the Editorial Board, it also ~~~~~~~~~~~~~~~~~ ..ı..ııce topic.

The conference, which is sched ~~~ ıuı ıne end of March or beginning of
April each year, focuses on a pre-announced topic. The deadline for submitting
conference papers is November 1; for scholarly notes, the following May 1. Submissions should be prepared according to the MLA Handbook and should not
exceed fifteen pages (25 lines per page, double-spacing, with ample margins).
Reading time at the Conference is limited to twenty minutes. Scholarly notes
should not exceed eight pages. Authors should submit two copies of their contribution, accompanied by return postage if they wish their paper to be returned.

The essays appearing in the *French Literature Series* are drawn primarily
from the Conference papers. Authors are informed of the inclusion of their papers
in the volume when their papers are accepted for the Conference. Exceptionally,
FLS does publish outstanding contributions from authors not participating in the
Conference. To be considered for inclusion in the volume, such essays should not
exceed twenty typed pages. A style sheet is available upon request or online at
http://www.cas.sc.edu/dllc/fren/Events.Activities/flc/Style%20guide.pdf.

All communications concerning the Conference should be addressed to the
Conference Director, and those concerning the *French Literature Series* to the
Editor, Department of Languages, Literatures, and Cultures, University of South
Carolina, Columbia, SC, 29208, USA.

The *French Literature Series* is published by Editions Rodopi. Communications concerning standing orders or purchase of individual volumes or back
volumes should be addressed to:

Editions Rodopi B.V.
Tijnmuiden 7
1046 AK Amsterdam-Holland
The Netherlands
Tel.: 31 (0) 20 611 48 21
Fax: 31 (0) 20 447 29 79
Internet: http://www.rodopi.nl
info@rodopi.nl

USA/Canada:
295 North Michigan Avenue
Suite 1B
Kenilworth, NJ 07033, USA
Toll-free (US only): 1-800-225-3998
Tel: (908) 298 9071
Fax: (908) 298 9075

Future Conference Topics and Volumes

March 27-29, 2008: French and Francophone Literature and Film in/and Translation
(*FLS* Vol. XXXVI, 2009)
March 19-21, 2009: Stealing the Fire in French and Francophone Literature and
Film: Adaptation, Appropriation, Plagiarism, Hoax (*FLS* Vol. XXXVII, 2010)
http://www.cas.sc.edu/dllc/fren/Events.Activities/flc/index.html

FRENCH LITERATURE SERIES

Editor
James Day

Le papier sur lequel le présent ouvrage est imprimé remplit les prescriptions
de 'ISO 9706: 1994, Information et documentation - Papier pour documents -
Prescriptions pour la permanence'.

The paper on which this book is printed meets the requirements of
'ISO 9706: 1994, Information and documentation - Paper for documents -
Requirements for permanence'.

An electronic version of this volume is included in print subscriptions. See
www.rodopi.nl for details and conditions.

ISBN: 978-90-420-2462-5
©Editions Rodopi B.V., Amsterdam - New York, NY 2008
Printed in The Netherlands

(French Literature Series, Volume XXXV, 2008)

VIOLENCE

in French and Francophone Literature and Film

Edited by
James Day

Rodopi

Amsterdam – New York, NY 2008

From the Editor

This volume of *FLS* originated with the peer-reviewed submissions selected for our thirty-fifth annual French Literature Conference. Nancy Lane, the attentive and untiring conference organizer, must take credit for the numerous initiatives, decisions, and thoughtful touches that fostered a very satisfying exchange of ideas.

Acknowledgment goes also to the editorial board, which determined final rankings after providing at least two blind evaluations of each submission. In cases where special expertise was required, our international advisory board stood ready to provide counsel. Both the annual conference and *FLS* are indebted to the Department of Languages, Literatures, and Cultures, to the program in Comparative Literature, and to the College of Arts and Sciences of the University of South Carolina for their generous support.

The contributors, of course, have done the most to make this volume possible. On a topic that undeniably has its grim side, their analyses illuminate violence in ways that may foreground ideology (Bernard, Day), a sense of place (Effertz, Maisier), class or ethnicity (Chossat, De Raedt, Kaplan), philosophy (Sweedler), esthetics (Farrell, Polachek), or psychology (Devereux Herbeck, Marion, Pellegrini). In most of these studies, the analytical approach inevitably cuts across categories, suggesting that violence is rarely a simple matter.

James Day

Contents

Mathilde Bernard

Paris III-Sorbonne nouvelle

Justice des hommes, justice de Dieu, le retournement de la violence dans l'*Histoire des martyrs* de Jean Crespin et Simon Goulart

À Genève, en 1554, Jean Crespin publie pour la première fois ce qui est appelé à devenir le plus grand martyrologe huguenot de langue française de la deuxième moitié du XVIe siècle. L'*Histoire des martyrs* conserve la mémoire de tous ceux qui, selon la lecture protestante de l'histoire, ont été martyrisés pour la gloire de Dieu, dans le monde entier, et à travers les siècles. Simon Goulart poursuit l'entreprise de Jean Crespin, afin de consigner méthodiquement le déroulement de chaque martyre, des premières menaces à la mort. Nous ne voulons pas seulement étudier la violence de la justice temporelle qu'ils dévoilent, mais plus encore la raison pour laquelle ils ne la montrent qu'à demi. Jean Crespin et Simon Goulart ont refusé de donner en pâture au lecteur le spectacle trop connu du bûcher, dans toute son horreur. Ils ont voulu, au contraire, faire de la scène du martyre un théâtre de la violence de Dieu.

L'image du XVIe siècle humaniste est ternie par les conflits interreligieux qui éclatèrent partout en Europe dans la deuxième moitié du siècle. Mais c'est bien avant les guerres ouvertes que les tensions entre les catholiques et les nouveaux réformés se sont manifestées. Elles se portaient alors sur la scène judiciaire. Les décennies qui précédèrent les guerres de Religion furent très largement, et dans toute l'Europe, une période de persécution contre les sectateurs du luthéranisme. En France, en 1547, Henri II crée la Chambre ardente, tribunal spécial qui se consacre au jugement des hérétiques, et se substitue à l'Inquisition.

En Angleterre, lorsque, en 1553, Marie Tudor succède au très protestant Édouard VI, la répression s'abat avec fureur sur des centaines de
réformés. Selon Peter Morris, on compte presque trois cents victimes
de la persécution ordonnée par Marie, qui meurent "non pour un pro-
testantisme radical et destructeur de l'ordre social, mais pour le
Prayer Book de 1552" (71). En Espagne, l'Inquisition mise en place
quelques décennies plus tôt par Ferdinand d'Aragon et Isabelle la Catholique, fait rage. Si l'on en croit Bartolomé Bennassar, entre les
années 1520 et 1614, l'Inquisition espagnole est à "l'apogée de son
activité" (13). La haine contre les protestants est à son comble sous le
règne de Philippe II, uni par les liens sacrés du mariage à Marie la
Sanglante. L'Inquisition portugaise est créée en 1536, l'Inquisition
romaine réorganisée en 1542. Les années 1530-1560 sont incontesta-
blement en Europe celles des bûchers.

Les écrits protestants ont relayé les faits. C'est au cours de cette
période, que les protestants baptisèrent "les feux", que Jean Crespin
fait paraître son *Livre des Martyrs*.[1] Dans cet ouvrage, il rassemble les
témoignages qu'il a pu trouver sur les procès et la mise à mort des
martyrs qui, selon lui, ont servi la cause protestante, des premiers
chrétiens aux martyrs contemporains, en passant par les hussites et les
vaudois. L'ouvrage de Jean Crespin, éditeur réformé qui a dû s'exiler
à Genève, connut un tel succès qu'il fut constamment complété et réé-
dité jusqu'en 1619,[2] alors même que le livre était interdit en France.[3]
C'est Simon Goulart, pasteur protestant lui aussi exilé à Genève, qui, à
la mort de Jean Crespin, en avril 1572, a poursuivi le travail entrepris
par son coreligionnaire, en intégrant les nouveaux martyrs d'une autre
forme, ceux des guerres proprement dites.

Pour l'action réformée, il était indispensable qu'il le fît. L'*Histoire des martyrs* appartient à ces ouvrages de combat qui répondent à

---

[1] La première version du martyrologe est en latin (*Acta martyrum*), et date de
1554; la traduction française (*Les Actes des martyrs*) date quant à elle de 1564. Le
livre de Jean Crespin précède ainsi de peu le célèbre martyrologe protestant de John
Foxe, *Book of Martyrs*, paru en 1559. Jean Crespin s'en inspirera cependant dans les
nouvelles éditions de son *Histoire des martyrs*.

[2] Nous verrons plus particulièrement l'édition de 1597, qui précède l'édit de
Nantes, et qui est la plus complète du XVIe siècle.

[3] De plus, il était difficile à cacher et cher. À partir de la première édition française, le martyrologe était publié dans le format in-folio, et l'ouvrage, dès 1580,
comptait plus de sept cents feuillets.

une entreprise mémorielle. Les enjeux de la mémoire sont d'abord historiques: il s'agit de consigner les noms des martyrs, afin qu'ils ne tombent pas dans l'oubli, et de narrer les faits. Ils sont également politiques, dans la mesure où les auteurs protestants présentent comme des martyrs ceux qui ont été condamnés en tant qu'hérétiques, et que cette simple dénomination est une rébellion ouverte contre le régime. Ils sont enfin religieux. Jean Crespin et Simon Goulart adoptent une vision eschatologique: il s'agit de montrer le lien qui unit le peuple élu aux réformés contemporains, eux aussi élus par Dieu. Mais le but de Jean Crespin, comme celui de Simon Goulart, était également d'empêcher les conversions qui minaient le parti, et de lutter contre le nicodémisme. Toute l'*Histoire des martyrs* vise à faire comprendre à ses lecteurs que la violence des hommes n'est rien face à la violence du Jugement dernier, et qu'il faut se conformer à la parole des Évangiles: "Ne craignez point ceux qui tuent le corps, mais ne peuvent tuer l'âme" (*Mat*, X, 28; cf. XVI, 26.) Pour ce faire, les auteurs du martyrologe rendent hommage aux martyrs qui ont permis l'avènement et le maintien de la religion réformée, depuis les premiers chrétiens jusqu'à l'heure de la publication de l'*Histoire des martyrs*, et ce, en déroulant de façon systématique la narration du procès et de la mort de chacun d'entre eux. Si les procédés judiciaires peuvent varier d'un pays à un autre, une chose est sûre pour les auteurs du martyrologe: la seule vraie justice, celle des Évangiles, est universelle. C'est à ce titre que les martyrs de tous les pays sont mêlés indistinctement dans l'*Histoire des martyrs*.

Le problème majeur qui se pose pour Jean Crespin et Simon Goulart est de ne pas reproduire, dans la relation des martyres, la terreur des exécutions. Propager la peur est en effet le but poursuivi par les agents d'une justice qui veut anéantir les ferments hérétiques. L'enjeu premier des auteurs du martyrologe est de parvenir à glorifier la force de leurs martyrs tout en luttant contre les craintes qu'inspire naturellement la peinture de la violence de la justice temporelle. Ils doivent pour cela opposer à la violence des juges et à celles des bourreaux des arguments supérieurs. La non-violence des martyrs, victimes d'un supplice qu'ils acceptent et auquel ils se soumettent, devient une violence suprême contre eux-mêmes, contre la justice humaine et contre les spectateurs de celle-ci, quand l'acceptation se mue en revendication. Ils méprisent leur corps jusqu'à la négation de leur humanité, bafouent avec force le régime qui les met à mort, se détachent enfin de la communauté des hommes.

Lors des exécutions d'hérétiques, la violence de l'appareil judiciaire est portée à son comble. Mais elle est systématiquement déniée par les discours et les actes des martyrs présentés par Jean Crespin et Simon Goulart. Le martyrologe opère un renversement qui annihile la valeur punitive à l'œuvre dans la mise à mort des hérétiques, anéantit la violence des hommes par celle de la parole de Dieu.

Violence de l'appareil judiciaire

Le martyrologe fait apparaître quatre phases successives dans l'histoire de la mise à mort de chaque martyr: l'arrestation, le procès, la prison, et le martyre proprement dit.

C'est généralement en raison de l'incapacité des catholiques à accepter la présence d'un protestant à leur côté, qui leur fait violence par son existence même, que le futur martyr est inculpé. Prenons l'exemple de Thomas Haux,[4] réformé anglais, mort en 1555, victime de la persécution entreprise par Marie la Catholique (Crespin et Goulart, f. 306 r. sq). À la mort d'Édouard VI, Thomas Hawkes, de son vrai nom, s'était retiré loin de la Cour et du Comte d'Oxford au service duquel il était, pour s'"adonner au service de Dieu", en toute liberté. À la naissance de son fils, selon la coutume réformée, il a attendu plusieurs semaines avant de le faire baptiser. Il n'en a pas fallu plus pour qu'il se retrouve en prison, et de la prison au bûcher. La narration du martyrologe est concise, et atteste la précipitation des événements:

> Les adversaires ne pouvant endurer cela, firent tant que premierement il fut mené au Comte d'Oxfort, & accusé de mespriser les sacremens de l'Eglise, & le baptesme principalement. Ce Comte renvoya toute la cause & l'homme avec lettres & un messager à l'Evesque Boner. L'Evesque retint quelque temps Haux en sa famille, avec lequel il eut beaucoup de propos, & l'essaya en plusieurs sortes: mais voyant qu'il n'y avait plus d'esperance de le destourner de son ospinion, n'admettant aucune condition qui fust au desavantage de sa conscience le fit mettre en la prison de Westmonster [sic]. (Crespin et Goulart, f. 306 r.)

---

[4] La source de Jean Crespin pour la narration du martyre de Thomas Hawkes est le martyrologe de John Foxe (vol. 3, 211-22).

Thomas Haux est remis entre les mains de la justice ecclésiastique, qui se charge de juger les cas d'hérésie. Tout commence par la violence psychologique. Thomas Haux a dû subir de longues heures de discussions théologiques, où l'Évêque Boner, avant l'emprisonnement de Haux, et après, a tenté de l'obliger à se convertir. Devant la constance de Haux, Boner se fâche: "Tu ne veux donc rien dire? Ie trouveray bien le moyen pour te faire declarer si ceste façon & ceremonie du sacrement du Baptesme, qui est en l'Eglise, est louable ou non" (Crespin et Goulart, f. 306 v.).

L'interrogatoire dura des journées entières. Haux ne céda pas à la violence psychologique, il ne se convertit pas et ne tomba pas dans les pièges de controverse que lui tendait l'Évêque. Ce dernier fut finalement obligé de céder la place à d'autres docteurs, en espérant que le nombre des attaques ferait fléchir Haux. Mais en vain. La mise à mort de Haux ne sera pas immédiate pour autant. La violence psychologique se poursuivit dans l'enceinte de la prison, dans laquelle Haux croupit quelques longs mois, pendant lesquels, malgré tout, il ne se résigna pas à la conversion. Il fut alors exécuté. À la violence psychologique succède la violence physique. Le spectacle de cette dernière est pratiquement effacé de l'*Histoire des martyrs*. Les auteurs retranscrivent les faits de la façon la plus neutre possible.

L'*Histoire des martyrs* consigne les faits et gestes de ceux que leur foi protestante a menés au bûcher, et ne s'attarde que bien peu sur les autres cas. Un refus catégorique d'amendement de la part de l'inculpé a la plupart du temps, et ce dans tous les pays concernés par l'*Histoire des martyrs*, des conséquences capitales. Parfois, cependant, il est possible que le bourreau accepte d'étrangler la victime avant de la brûler. Un tel geste peut être un acte de pure miséricorde, mais dans certains cas, il s'intègre à un processus bien réglé. En Espagne, lorsque l'hérétique abjure finalement après la sentence, il se réconcilie à l'Église, et est étranglé avant d'être brûlé. Jean Crespin et Simon Goulart soupçonnent cependant les bourreaux de l'Inquisition d'Espagne d'avoir étranglé des condamnés qui n'avaient pas abjuré, pour faire croire au peuple qu'ils avaient cédé devant la peur de la souffrance (f. 475 v. – 493 r.). La différence est conséquente, car la violence des supplices s'intègre à une logique répressive et éducative qui doit toucher les masses, à une politique de la violence.

Dans cette optique, il est indispensable de montrer que la justice des hommes a raison des corps coupables. Cependant, selon Matthieu Lelièvre,

> la terrible mise en scène, imaginée pour terroriser les masses, ne servait qu'à produire au grand jour la fidélité et la patience des victimes, et qu'à poser devant la conscience populaire cette question: la vraie religion du Christ n'est-elle pas celle qui fait des martyrs plutôt que celle qui fait des bourreaux? (p. 20)

Le supplice même est étroitement lié au bon maintien du pouvoir. Selon Michel Foucault, il trouve même sa justification dans une logique étatique. Ce qui sous-tend la pratique des supplices est "une politique de l'effroi: rendre sensible à tous, sur le corps du criminel, la présence déchaînée du souverain" (33).

Lorsque les hérétiques sont jugés par un tribunal ecclésiastique, c'est malgré tout avec l'accord du roi, qui nomme l'Inquisiteur général et désigne les membres du Conseil Suprême, fût-ce sous l'autorité du pape. Le pouvoir temporel n'est jamais totalement étranger à cette "politique de l'effroi" (Bennassar 19). Or, il semble que le martyre des protestants ne tende pas à renforcer l'autorité du pouvoir, l'affaiblissant par la constance des suppliciés. La "présence déchaînée du souverain" est réduite à néant si la violence des supplices ne fait qu'engendrer des vocations au martyre. C'est ce que constate Florimont de Raemond, fervent catholique, anciennement converti à la Réforme après le supplice d'Anne du Bourg, qui n'avait pas du tout produit l'effet escompté par l'État: "Plus on envoyoit au feu, d'autant plus on en voyoit renaistre de leurs cendres" (866).

Le martyrologe de Crespin et Goulart était une arme d'autant plus efficace dans le combat du calvinisme contre le catholicisme qu'il poursuivait l'action des martyrs dans l'écriture et pérennisait leur mémoire, en refusant d'accepter l'efficacité recherchée par la violence judiciaire des hommes.

Le déni de la violence temporelle dans l'*Histoire des martyrs*

Jean Crespin et Simon Goulart ne laissent pas leur texte être contaminé par la fascination de la violence brute. Le refus catégorique de montrer la torture est remarquable dans l'*Histoire des martyrs*.

Ainsi que l'écrit Frank Lestringant dans la *Préface* d'un martyrologe catholique, celui de Verstegan,

> (les protestants) se refusent à héroïser leurs martyrs par l'image [...]. Les calvinistes français, en règle générale, ne montrent pas leurs martyrs, se bornant à transcrire leurs paroles édifiantes à l'heure de la mort, ou à produire les pièces d'archive qui attestent leur constance ultime dans les principes de la Réforme. (p. 42)

La narration des procès et des discussions théologiques s'étend en général sur plusieurs pages dans l'*Histoire des martyrs*. La mise à mort, en revanche, ne fait l'objet que de quelques lignes, et des plus sobres. Jean Crespin et Simon Goulart ne se complaisent jamais dans la description des chairs meurtries. Plus encore que cela, ils semblent mettre un point d'honneur à refuser toute *catharsis* au lecteur. Le rejet de la violence doit passer par un biais supérieur. En cela, le martyrologe de Crespin et Goulart est à l'opposé du martyrologe de Verstegan, qui peut servir de point de comparaison, ayant été publié du côté catholique en 1588. Dans le *Prologue* de son martyrologe, Verstegan écrit: "Nous entendons tirer les larmes de voz yeux, les plaintes de vos bouches, les souspirs de vos cœurs" (édition 1588 f. A. v.). Et plus loin,

> Nous ne voulons pourtant vous oster un plaisir que nous entendons vous faire recevoir: C'est que voyant les actes meschants qui vous seront icy representez, vous lourez Dieu d'estre demeurez en la Religion Catholique nourrie de douceur, d'amour, & d'humanité, & de n'avoir esté les instrumens de Sathan à iouer cette cruelle et miserable tragedie. Quant à la pareure du theatre elle est toute de rouge: Car le subiet plain de cruauté ne reçoit autre couleur [...]. Imaginez vous les Chiens en leurs curées qui plongent le nez au sang des bestes, qui rompent, qui deschirent, leurs entrailles, qui les devorent avidemment, & qui rouges & vermeilz de toutes parts, s'esiouissent en leur carnage, & fretillans la queue s'esgayent aux appetits d'un si furieux repas. Tels verrez vous les heretiques sur ce Theatre sanglants, fumeux, poudreux, revenans de la chasse des Catholiques à qui le sang regorge par la bouche & par les oreilles, & par tout, & qui les ayans abatus, esvantrez & escorchez, se fourrent en leur sang, s'y plongent pardessus leurs oreilles, & en font des souppes, se gorgent de leur chair, & s'ils sont saouls, y amenent les bestes brutes pour avoir part à leur massacre: Celuy qui a composé les ieux est Sathan [...]. Vous le verrez sur ce Theatre, derriere les ioueurs ausquels il sert de protocole, il souffle par derriere, il les

meut, il les invite, il les encourage de perdre tout, d'esgorger tout, de ne rien
laisser vivant (Verstegan f. A v. – A ij r.).

Le champ lexical de ce développement ne laisse pas de part au
doute. C'est bien à la délectation du rouge couleur du sang et du car-
nage que les catholiques lecteurs du martyrologe doivent prendre plaisir, à la contemplation de la violence, fût-elle juste selon leur optique.

Le martyrologe protestant, au contraire, gomme la violence crue
pour permettre au message divin de s'étendre dans l'espace du livre.

Ce n'est pas à la *catharsis* en effet qu'invitent les auteurs du
martyrologe protestant, mais à la contemplation de ces évidences: la
souffrance temporelle n'est rien au regard de l'éternité, et la crainte
mondaine est méprisable. Tout le martyrologe est tendu vers la parole
suivante des Évangiles: "Ne craignez point ceux qui tuent le corps,
mais ne peuvent tuer l'ame". C'est ainsi que s'exprime "un de ceux
qui estoyent prisonniers en Brabant" dans une complainte qu'il écrit
en prison (Crespin et Goulart, f. 85 v.). Cette formule évangélique
scande le martyrologe huguenot, à travers les discours des martyrs;
elle résume toute l'entreprise de Jean Crespin et Simon Goulart. La
perspective eschatologique qu'ils adoptent contribue à instaurer un cli-
mat de culpabilisation massive sur tous ceux qui ne trouveraient pas la
force de répondre à cette injonction. Aussi, le combat du martyrologe
est-il sclérosant à sa manière: il vise à empêcher toute conversion, en
répétant cette injonction divine, et il oppose à la violence psychologique des juges celle d'un calvinisme intransigeant.

Non poena sed causa, c'est la cause et non la peine qui fait le
martyre. La préface de l'*Histoire des martyrs* rappelle cette assertion
de saint Augustin en ces termes: "Ceux donc s'abusent, qui arrestent
plustost leur veüe sur les croix & peines qui ne font point le Martyr
que sur l'infaillible fondement de la verité"(Crespin et Goulart, f. 1 r.).

À partir de ce postulat, tous ceux qui ont failli sous la violence
temporelle sont exclus du livre des martyrs, même s'ils sont morts sur
le bûcher malgré tout. C'est que la crainte mondaine, la crainte des
châtiments temporels, qui s'oppose à la sainte crainte de Dieu, est une
faute grave. C'est la conscience de son péché qui pousse Jean Morel,
mort sur le bûcher en 1558, et qui avait tout d'abord cédé à la menace,
à revenir sur sa décision, et à mériter sa place dans le martyrologe:

> Incontinent que ie fu ramené en mon cachot, ma conscience commença à m'accuser, signe que ie ne savoy' faire autre chose, sinon pleurer & lamenter mon peché […]. Ma conscience me redarguoit en ceste maniere […]. Il est dit en l'Apocalypse, que le feu est appresté aux craintifs & infideles. (Crespin et Goulart, f. 448 v.)

Les martyrs sont tiraillés entre deux peurs, celle de souffrir lors du supplice, et celle d'encourir des douleurs éternelles, de se parjurer, de se déshonorer aux yeux du monde, et de perdre l'estime de soi. On comprend alors que, pour bien des croyants, la peur du feu éternel darde les martyrs d'une injonction plus brûlante encore que celle de la menace du bûcher. À travers la force de la foi des martyrs s'exprime la violence de la parole de Dieu.

Violence de la parole de Dieu

Le martyrologe offre à ses lecteurs nombre de lettres que les futurs martyrs ont envoyées lors de leur captivité. Elles ont toutes pour objectif d'inciter les protestants à ne jamais se détourner de leur religion. Mais dans toutes également, l'expression de cette crainte est largement empreinte d'une incompréhension absolue qui engendre un mépris à peine voilé envers tous ceux qui pourraient encore fléchir. Les martyrs sont violemment intolérants envers les faibles. Ainsi, dans l'"Epistre de Iane Graye[5] à un personnage, qui par crainte du monde & par ambitions s'estoit destourné du bon chemin", lorsque cette dernière écrit "I'ay grande occasion de m'esmerveiller et de lamenter pour toy, qui au temps passé estois un membre vivant du Christ, & maintenant tu es un esclave difforme du diable" (Crespin et Goulart, f. 256 r.), elle exprime sans détour toute la violence du jugement qu'elle porte envers ce personnage.

Le martyrologe tend à montrer que la parole des martyrs est inspirée, et que de telles appréciations sont à entendre comme une menace terrible à l'égard de tous ceux qui ne sauraient pas les entendre.

---

[5] Jeanne Grey, héritière de la couronne après les princesses Marie et Élisabeth, régna neuf jours en 1553, à la mort d'Édouard VI, grâce à la conjuration du duc de Northumberland. Marie Tudor la fit exécuter pour cause officielle d'hérésie, bien que les raisons de cette mise à mort eussent été politiques. Jeanne Grey est bien morte en martyre de la foi réformée (Morgan 248).

Les martyrs sont, au sens étymologique, les *témoins* de Dieu, et cette signification est très présente dans l'*Histoire des martyrs*. Les lecteurs doivent comprendre la portée de la parole de ces martyrs, relais de la voix de Dieu, dans toute sa violence. C'est pour cette raison que le martyrologe offre une place si importante à la constatation de la constance des martyrs, qui se remarque en première apparence dans le calme de leurs réponses face à la violence des juges. Mais au-delà de cette constance impassible — qui permet au martyre d'énoncer le *credo* protestant, et aux auteurs du martyrologe de le répéter à loisir tout au long de leur livre —, la parole de Dieu prend pour s'exprimer des moyens beaucoup plus extraordinaires, et par certains aspects plus violents.

Les martyrs de l'*Histoire des martyrs* s'expriment envers et contre tout, indiquant par là que malgré tous les sévices qu'ils peuvent subir, le plus important reste de continuer à énoncer le Verbe de Dieu, et de préférence à répondre au spectacle du bûcher par le spectacle de la parole. Ils énoncent une parole de feu, parole dans le feu, et parole de l'esprit. Ainsi, les martyrs protestants ont pris l'habitude de réciter des psaumes haut et fort au moment de la mort, et dans le bûcher même. Pour cette raison, les bourreaux leur coupaient souvent la langue avant de les mener au supplice.

Ce sont ces êtres mutilés qui ont tant impressionné Jean Morel. Nous l'avons vu reconverti par les affres de sa conscience. Il fut avant tout converti par les martyrs eux-mêmes:

> J'ay veu la grande constance de ceux qu'avez fait brusler, & qu'ils avoyent la langue coupee: cela m'a fait enquerir de leur doctrine principalement voyant la constance de ces deux ieunes gens, qui ont esté executez les derniers en la place Maubert, i'en ay esté merveilleusement confermé. (Crespin et Goulart, f. 256 r.)

La parole de Dieu n'est pas ici à proprement parler dite par les martyrs, mais on peut noter que la première réaction face à la troublante constance des martyrs est pour Jean Morel d'aller s'"enquerir de leur doctrine". La cruauté des bourreaux a eu un effet contraire à celui escompté.

Quand bien même ils ne peuvent parler, les martyrs trouvent toujours le moyen de faire comprendre la parole de Dieu au peuple assemblé, pour la bonne raison qu'ils rejouent le sacrifice du Christ et portent dans leur supplice l'image de la divinité. Julien Hernandez, en 1559, communique ainsi avec la foule: "Mesme estant empesché de parler, il demonstroit neantmoins par quelques signes devant tous les spectateurs la constance & perseverance, & par ce moyen enhardissoit ses compagnons à ne craindre le supplice" (Crespin et Goulart, f. 497 v.).

La parole de Dieu se fait encore plus violente quand le spectacle relève du miracle. Thomas Haux, dont nous avons évoqué la longueur du procès, a promis aux siens, épouvantés d'avance par le martyre, de leur faire un signe si le feu était supportable. Ainsi

> ayant desia la bouche retraite de la violence du feu, la peau toute grillee, & les doigts bruslez, ainsi que tous attendoyent qu'il deust alors rendre l'esprit, se souvenant de la promesse qu'il avoit faite, il esleva les mains l'une contre l'autre. (Crespin et Goulart, f. 310 v.)

Ce signe de victoire est plus éloquent que tous les discours. Par ce biais, la toute-puissance de Dieu conférant à ses martyrs une force surhumaine se donne à voir d'une manière impressionnante. Agrippa d'Aubigné l'a bien compris, qui peint Haux en ces termes dans *Les Tragiques*:

> Sa face estoit bruslee, et les cordes des bras
> En cendres et charbons estoient cheutes en bas,
> Quand Haux en octroiant aux freres leur requeste,
> Des os qui furent bras fit couronne à sa teste. (Vol. I, 507)

Par ces vers, Aubigné fait de Haux un avatar du Christ, qui, en guise de couronne d'épines, arbore une couronne d'os. La violence de l'image réside non seulement dans la réactualisation du martyre du Christ, mais également dans l'aspect particulièrement macabre et cru de cette représentation. Par ailleurs, le rejet de la souffrance, que Thomas Haux exprime, dénature le sens du sacrifice christique. Dieu s'est fait homme dans le Christ, et souffre à la manière des hommes. La représentation du martyre de Haux est d'autant plus violente qu'elle dépasse la souffrance du Christ, et devient un pur acte de bravoure. La force même de ses actes établit un gouffre entre Dieu et les hommes, gouffre que le Rédempteur voulait combler. Dans la narration protestante des martyres, Dieu ne tend plus la main à tous les hommes, mais en élit quelques-uns, leur ôte la part d'humain qui réside en eux, pour leur permettre d'accéder à son royaume.

Conclusion

La violence de ces martyrs, qui a été si bien saisie par les auteurs du martyrologe, et par leurs lecteurs, est tout entière celle de la parole, et du palimpseste évangélique. À la peur du châtiment temporel répond, avec beaucoup plus de vigueur, la crainte respectueuse qu'inspire le spectacle de la présence réelle du Christ à travers ses témoins. La violence des événements qui se produisaient lors des martyres protestants a été ressentie avec force par les détracteurs du martyrologe de Crespin et Goulart. Ils ont accusé ces derniers d'être les dupes du démon, qui prend toujours les formes de la divinité pour agir avec plus d'efficacité.

Par ailleurs, l'incitation au martyre a été dénoncée pour sa violence et son obscénité. Frank Lestringant rapporte à ce sujet l'importance de la dénonciation de Sébastien Castellion, qui compara le martyre à la dévotion à Moloch, l'idole païenne dévoreuse d'enfants[6] (12). Dans la tradition biblique, les Ammonites lui sacrifiaient leurs premiers-nés. La vision du martyre selon Tertullien, à laquelle se conforment les protestants comme les catholiques, fait du sang des martyrs la semence de la religion. Le parallèle est aisé à faire entre une idole assoiffée de sang et un Dieu qui a besoin du sang de ses adorateurs pour asseoir sa gloire.

Le martyrologe aura fait son temps, mais la véhémence des réactions qui se sont élevées contre lui, et la publication d'un antimartyrologe[7] au début du XVIIe siècle, prouvent l'efficacité de la violence d'un livre qui, si l'on en croit les dires du personnage bouffon de Sancy dans *La Confession catholique du sieur de Sancy*, est "le plus dangereux après la Bible" (Aubigné, *Confession* 654).

---

[6] Dans le *De haereticis an sint persequendi*, 1554.
[7] Celui de Jacques Severt, publié en 1622.

Ouvrages cités

Aubigné, Agrippa (d'). *La Confession catholique du sieur de Sancy*. 1660. *Œuvres d'Agrippa d'Aubigné*. Éd. H. Weber, J. Bailbé et M. Soulié. Bibliothèque de la Pléiade. Paris: Gallimard, 1969. 573-666.

_____. *Les Tragiques*. 1616. Éd. Jean-Raymond Fanlo. 2 vol. Paris: Champion, 2003.

Bennassar, Bartolomé. *Brève histoire de l'Inquisition: l'intolérance au service du pouvoir*. Monsempron-Libos: Les éditions Fragile, 1999.

Crespin, Jean, et Simon Goulart. *Histoire des martyrs persecutez et mis à mort pour la verité de l'Evangile, depuis le temps des Apostres jusques à l'an 1574*. Comprinse en douze livres. In-2° de 8 f. n. ch. + 758 f. + table. Genève: Eustache Vignon, 1597.

Foucault, Michel. *Surveiller et punir, naissance de la prison*. Paris: Gallimard, 1975.

Foxe, John. *Acts and Monuments of Matters most Special and Memorable. Happening in the Church with an Universal History of the same. Wherein is set forth at Large, the whole Race and Crouse of the Church, from the Primitive Age to these later Times of Ours, with the Bloody Times, Horrible Troubles, and Great Persecutions against the true Martyrs of Christ, Sought and Wrought as well by Heathen Emperors, as now lately practised by Romish, Prelates, especially in this Realm of England and Scotland*. 1559. 3 vol. in-2°. Londres: Company of Stationers, 1634.

Lelièvre, Matthieu. *Portraits et récits huguenots du XVIe siècle: les héros de Crespin, les martyrs sous François Ier, les martyrs sous Henri II, les martyrs de Langres, livre des martyrs, Clément Marot, prêtre de la Réforme française, le Psautier huguenot et son histoire*. Toulouse: Société des livres religieux, 1895.

Lestringant, Frank. *Lumière des martyrs, essai sur le martyre au siècle des Réformes*. Études et essais sur la Renaissance, dirigés par Claude Blum. Paris: Honoré Champion, 2004.

Morgan, Kenneth. *Histoire de la Grande-Bretagne*. Paris: Armand Colin, 1985.

Morris, Peter. *Histoire du Royaume-Uni*. Paris: Hatier, 1992.

Raemond, Florimont (de). *L'Histoire de la naissance, progrez et decadence de l'heresie de ce siecle. Divisee en huit livres*. 1605. Rouen: Pierre de la Motte, 1629.

Severt, Jacques. *L'Anti-Martyrologe, ou Verité manifestée contre les Histoires des supposés martyrs de la Religion pretendue reformee*. Lyon: Simon Rigaud, 1622.

Verstegan, Richard. *Théatre des cruautez des hereticques de nostre temps.* 1588. Éd. Frank Lestringant. Collection Magellane. Paris: Éditions Chandeigne, 1995.

FLS, Volume XXXV, 2008 Violence

Dora E. Polachek

Binghamton University (SUNY-Binghamton), NY

Is It True or Is It Real? The Dilemma of Staging Rape in Marguerite de Navarre's *Heptaméron*

Written more than 400 years ago, Marguerite de Navarre's *Heptaméron* remains a work that reflects issues that were hotly debated during the Renaissance, and that continue to be relevant today. By looking at the way rape is presented in novella two, this article will focus on the tensions that arise when the same signifier belongs to two different realms. It will examine what is at stake when a writer mobilizes rape in a scenario designed to satisfy the rhetorical constraints of the "true" on the one hand (realm of God's word) and the "real" (realm of the material world) on the other.

The Context

Virtually everyone who has worked with the prologue to the *Heptaméron* has noticed its obsessive insistence to "dire vrai,"(Tetel 455) revealed by the phrase "si ne dirai rien que pure vérité" (49)[1] which will characterize the opening metanarrative remarks of the storytellers. Whereas we might read true and real as synonymous, for Marguerite these are antithetical terms, each a key signifier in competing spheres. As I have demonstrated elsewhere, for Marguerite to speak of the "true" is to invoke the logos of the sacred, and concomitantly to bear witness to the superiority of the spirit to the body (Polachek, "Narrating the Truth"). Telling the truth involves a retelling of a

---

[1] All my references to the *Heptaméron* are from de Reyff's edition. The most easily available English edition is P. A. Chilton's *The Heptameron*.

perfect, immutable story that has already been spoken and recorded in the Holy Scripture — the Sainte Écriture. The truth is "la bonne nouvelle" — the Gospel. Participating in the reenactment made possible by its retelling offers what the "real" cannot — that is, joy and health. The spokesperson for the "true" is l'ancienne dame Oisille, the surrogate mother of the group of ten storytellers who have had the good fortune to survive floods and who all find themselves assembled at the Abbey of Saint Serrance, waiting for the bridges to be rebuilt which will lead them back to the "real" world of the royal court. After praising God for having spared them from death, they turn to Oisille, in search of "quelque passetemps pour adoucir l'ennui que nous porterons durant notre longue demeure" (45). The need for finding a "plaisant exercice pour passer le temps" (45) and finding it fast is so crucial that otherwise "nous serions mortes le lendemain" (45). The state of disequilibrium to which each survivor gives voice is in direct contrast to the inner balance which Oisille has maintained throughout her ordeal. This tranquility is based on a lifetime of experience which has taught her the power of the only valid pastime in which to be engaged in order to avoid ennui, and which she proposes to the group. If she is "si joyeuse et si saine" (45) it is precisely because she knows the curative power of the "truth." As she puts it:

> Mes enfants [...] je n'en ai jamais trouvé qu'un [passetemps] qui vous puisse délivrer de vos ennuis [...] qui est la lecture des saintes Lettres en laquelle se trouve la vraie et parfaite joie de l'esprit, dont procède le repos et la santé du corps. (45)

She invites them to engage in her preferred activity: "[...] je prends la Sainte Écriture et la lis. Et en voyant et contemplant la bonté de Dieu [...] je chante de cœur et prononce de bouche les beaux psaumes et cantiques que le Saint-Esprit a composés [...]" (46).

The solution proposed by Oisille — the reading and contemplation of Scriptures, the "true word" — must be rejected first of all, for artistically pragmatic reasons. Specifically, if the group were to follow Oisille's suggestion, the collection of stories would never exist. Equally important, she must be outvoted for political reasons. What she opts for is direct contact with holy scriptures, a proposal which even in its articulation as a possibility would raise red flags in the time period during which Marguerite lived. This highly suspect practice of the reading of scriptures unmediated by a priest would be construed as a radical Reformist innovation in a century which would soon be ravaged by the wars of religion.

Marguerite's active support of and involvement in Reformist undertakings is well known.[2] It was she who established a sanctuary for Reformist exiles at Nérac, offering asylum there to such dissenters as Jean Calvin, Antoine Héroët, Gérard Roussel, Clément Marot and Lefèvre d'Étaples. If her heart lies clearly in engaging in the kinds of spiritual activities described by Oisille, and based on "the habit of bringing everything back to God" (Gelernt 16), the historical record demonstrates not only the political but the personal stakes involved in such a penchant. Marguerite's 1533 invitation to her chaplain Roussel to preach at the Louvre during Lent highlights the risks involved in challenging the status quo. The Faculty of Theology at the Sorbonne considered the event an outrageous religious affront. It is hardly a coincidence that in that same year it accused Roussel of heresy and condemned Marguerite's mystical poetry *Le Miroir de l'âme pécheresse.* In the personal realm, a letter written by Jeanne d'Albret six years after her mother's death in 1549 recalls an incident Jeanne witnessed in 1534 or 35 when she was six or seven. The event involved Henri d'Albret, Marguerite's second husband, who finds his wife at prayer with two of her Reformist ministers. The violence of the scene is vividly recounted in the daughter's letter. As she puts it,

> [...] I well remember how long ago, the late King, my most honored father [...] surprised the said Queen [Marguerite] when she was praying in her rooms with the ministers Roussel and Farel, and how with great annoyance he slapped her right cheek and forbade her sharply to meddle in matters of doctrine. (Roelker 127)

In the same letter Jeanne also recalls how Marguerite was "warned by her late brother the King, François I [...] not to get new doctrines in her head (*mettre en cervelle dogmes nouveaux*) so that from then on

---

[2] For an introduction to Marguerite's relation with Reformists, see Heller. The most detailed study of Marguerite's life and writings is the classic two-volume work by Jourda. For the most recent biography written in English, see Cholakian and Cholakian. Their substantial index simplifies the finding of references to Marguerite's relations with Reformists mentioned in this article.

she confined herself to amusing stories (*romans jovials*)" (Roelker 127).

Whereas the dangerous new doctrines deal with the sacred (the realm of the true), entertaining stories are part and parcel of the novella genre which deals with the profane, the realm of the real, material world. The storytellers' pact stipulates that each will recount "quelque histoire qu'il aura vue ou bien ouï dire à quelque personne digne de foi" (48). Described in the most objective terms, the novella is a short, realistic prose narrative. But what does "realistic" mean? Eight years after its publication in France, William Painter's *Palace of Pleasure* included English translations of some of Marguerite's *Heptaméron* tales. In the preface to the 1890 edition, Joseph Jacobs describes the novella genre in a way that will serve as a good point of departure for some of the issues I will be raising in the analysis of the rape scenario in novella two. Here is what that preface tells us:

> The whole literature of the Novella has the attraction of graceful naughtiness [...]. At all times and for all time probably, similar tales, more broad than long, will form favorite reading of adolescent males. They are, so to speak, pimples of the soul, which synchronize with similar excrescences of the skin. (Jacobs xviii).

This analogy highlights the foundational base of the novella's world of the real: namely, the body, realm of the abject and all the material contingencies that befall it. Whether the tales stage comic or serious scenarios, the corporeality of the time-bound real world cannot be elided. Thus the narrative of the novella will necessarily focus on the very concrete uses and depictions of the body when it is figured in the context of matter.[3] In the face of the written, verbal, and physical threats of three different institutions — the religious (represented by the Sorbonne's Faculty of Theology), the political (represented by the King), and the domestic (represented by her husband), Marguerite's only possible recourse for continuing her creative undertaking seems to be the novella. But the constraints of a genre so antithetical to the

---

[3] For an analysis of the tensions caused by corporeality in the *Heptaméron*, see Cottrell.

preferred tropes of mystical transcendence (to which she gives voice in her poetry)[4] pose particular rhetorical problems for her.

As anyone who has read the *Heptaméron* can attest, Marguerite resorts to the novella less in compliance than in veiled defiance. The tenacity with which she clings to her Reformist credo results in a tension heretofore unknown in the novella genre. If the rhetoric of the Christian tradition is grounded in the desire to edify, what happens when there is an equally compelling rhetorical drive to entertain (alluded to when the *devisants* search for a pastime that will serve as a diversion, as a way to escape through the imagination from the memory of the ordeal in which others lost their lives and from which their lives have been spared)? Reading the *Heptaméron* would, of course, be much simpler if the religious didacticism were neatly contained in the introduction to each day of storytelling in which Oisille reads a passage of scriptures to the group; but this is not the case. Sacred texts and lessons spill over into the secular stories and even into the textual exegesis in which the *devisants* engage after each tale. I understand this tension best when I look at it in terms of what Henri Bergson describes as the "interférence des series" (73), in which a situation belongs at the same time to two separate series of events; the situation then can be interpreted in two completely different ways. If one goes a step further, can the same signifier participate in two opposing spheres — the sacred on the one hand (site of the true) and the profane (site of the real) on the other? And what if that signifier is rape?

The Tale

The preoccupation with rape is the focus of Patricia Cholakian's 1991 *Rape and Writing in the* Heptaméron *of Marguerite de Navarre*. She finds that a full third of the 72 novellas stage scenarios of unwanted seduction or rape. Novella two is remarkable in at least two respects. Whereas the prologue alludes sketchily to the threat of rape in the lives of two of the *devisants*, this novella is the first to stage its relentless, step by step progression. The tale thus becomes a point of reference for the variety of rape stories which will follow it. It is also

---

[4] See Ferguson, for example.

notable for being the only one to elicit a univocal response; there are no dissenting voices to Oisille's interpretation of the story.

The story is firmly grounded in the realm of the real, but a real which Marguerite pushes so far that it verges on the nightmarish. When a mule driver is summoned away from his home, his virtuous wife — referred to three times as "femme de bien" — remains at home, where her husband's servant brutally pursues and stabs her until she is unconscious, and then rapes her. The servant has waited for just such a moment to obtain what he could not get through verbal prowess. All the traditional signs of safety are radically reoriented in this "real" world. Whereas rape was a danger of the outside world (one reason why women were enjoined not to venture out), in Oisille's tale the rape occurs not only within the virtuous woman's home but within her very bed, where she has been asleep. While the woman is at vespers, the servant bores a hole in the partition separating his room from the master's, but the curtain covering each bed conceals what has been so carefully thought out. That this act of aggression should have been prepared while the woman was at prayer adds an ironic twist to this tale of the fate of a virtuous woman. Furthermore, the details Marguerite includes make it appear as if the architectural space and its adornments conspire to facilitate the premeditated but unsuspected invasion of the woman's private space. Even the presence of a young girl in the woman's bed during the husband's absence is of no avail. The girl hides under the bed, a witness to a violent scene in which she is transfixed by her fear. The woman, in turn, does everything humanly possible to avoid losing what she holds more precious than life: her chastity. She jumps out of bed and tries to reason with her attacker. This failing, she runs away from him, summoning a strength which enables her twice to struggle free from his clutches. Thwarted in his efforts, the attacker thrusts his brandished naked sword ("l'épée nue" [58]) into the small of her back, thinking pain will make her give up to him what he cannot attain by terror and brute force. But not so. In this no-exit space, as she continues to run and reason, he continues to pursue and persistently to penetrate her bleeding body with his sword. As she sinks to the ground, hands clasped, eyes heavenward, with her final words (significantly the only ones reported in direct discourse) she gives herself up to God: "Seigneur, recevez l'âme qui par votre bonté a été rachetée!"(58). In this world of the real, however, her suffering and lifeless body continues to be stabbed until she can no longer physically or verbally resist. It is then that the inexorable rape scenario comes to its point of culmination, at least from the rapist's point of view. Readers may rightfully identify the naked sword as a phallic stand-in, but as the conclusion of the tale makes clear, the virtuous woman's brutal and bloody penetration by the sword leaves her vulnerable to precisely what she has attempted so courageously to avoid: rape. When she is unconscious and helpless, the rapist "prit par force celle qui n'avait plus défense en elle" (58).

Students accustomed to seeing slasher films often find the violence in this tale unsettling. I remember one student's reaction: "Even Brian De Palma doesn't go this far." Can this poor woman finally be put to rest? Unfortunately not, because the spectacle is only 2/3 over. This disturbing world of the real tests the limits of realism. Once the rapist escapes, never to be found, the young girl calls for help and another set of spectators, equally as helpless as she, steps in to replace her. The sword of penetration is replaced by the hands of examination as the doctors confirm two facts: that she has sustained 25 stab wounds and that they cannot help her. Lingering on for another hour, even though she can no longer speak, the victim stages a dumb show for two separate audiences. For the doctors, her eyes and hands demonstrate that her mind is still lucid; for the priest, they confirm beyond a shadow of a doubt that she approaches death with her faith intact. Finally dead, her corpse is not buried until another viewer, her husband, has had a chance to see the spectacle of "le corps de sa femme mort devant sa maison [...]" (59).

If one agrees with Michel Olsen that novella two's "narrative logic" (167) is difficult to grasp, does the story make more sense in the realm of the "true"? Those familiar with the Christian hagiographic tradition would find it easy to identify in this tale the standard tropes of the female saint's life. Novella two signals the hagiographical model as its intertext by referring to the "visage joyeux, les yeux élevés au ciel," to the "chaste corps" of this "martyre de chasteté" (59). As Kathryn Gravdal and Brigitte Cazelles have so convincingly shown, hagiographic literature exalts a martyrdom that is based on an ideology of suffering. In this kind of narrative, suffering becomes a didactic theatrical performance. Occupying center stage means being able to demonstrate an unwavering constancy in the face of progressively more painful physical tortures. Only in this way can the soul's salvation be assured for the martyr, and the martyr held up to others as a model for imitation. It is through the flesh, then, that the female martyr assures her sanctification. She must literally embody perfection.

In female saints' lives, the narrative trajectory of sexual violence can take four paths: rape, prostitution, seduction, or forced marriage. As Gravdal points out, "The construction of sexual assault runs through hagiography like a shining thread in a tapestry, highly valued and useful"(22). Direct representation of rape is the rarest in female *vitae* but models do exist which allow an analysis of novella two's fidelity to and deviation from the standard scenario. To display the ultimate form of resistance, the female protagonist is faced with the options of preserving her life or preserving her chastity. By making chastity the protagonist's choice, the female saint's life opens up a space for the kind of heroic action usually reserved for men. To become a heroine she must replace the typical female virtues of passivity and silence with an ability to act and speak. In this way her accession to agency is assured.

Novella two's heroine fits perfectly within these parameters. She resists reification by her ability not only initially to outrun her attacker but to make simultaneous verbal attempts to ward off rape. Her bleeding body makes possible her inscription into the usually masculine topos of the *"miles Christi,"* the soldier of Christ. Marguerite's text makes this parallel explicit: "tout ainsi qu'un bon gendarme, quand il voit son sang, est plus échauffé à se venger de ses ennemis et acquérir honneur, ainsi son chaste cœur se renforça doublement à courir et fuir des mains de ce malheureux" (59). Her bleeding body also becomes a specifically female form of *imitatio Christi*. Whereas Christ's stigmata numbered five, hers number 25, a multiple of the Christian five. Further, this bludgeoned and lifeless body which the attacker persists in sexually pursuing and ultimately undoing marks male concupiscence as perverse, and deconstructs the myth of the female's responsibility for male sexual aggression.

In true female martyr fashion, novella two's heroine hovers near death but still remains sexually unviolated. The insistence on sexual purity reveals itself in the appearance of the words *chaste* or *chasteté* five times in a tale that is less than four pages long. Her inscription into the realm of female saints is evidenced not only by her actions, but by the use of the word *martyre* twice. Her desire to leave the world of physical suffering is marked by another standard trope of hagiographic literature: she raises her eyes heavenward, gives thanks to God, and petitions him to receive her soul. As we shall see, in the typical saint's life, God intercedes at this point, and puts an end to the martyr's earthly suffering as her soul rises up to Him. In Marguerite's tale, however, it is precisely after this appeal to God that the virtuous heroine loses consciousness. Instead of deliverance to a better world, it is at this point that she is brutally raped, with her attacker disappearing, never to be found or punished.

We see, then, how by leaving the heroine's petition unanswered, Marguerite pushes to the breaking point the narrative structure of the female saint's life. That is, she subverts the essential didactic lesson that the discourse of the saint's life preaches: the perfection of God's justice. In Marguerite's hagiographical intertext this perfection manifests itself in three ways: (1) through miracles; (2) through the punishment or conversion of the rapist/attacker; (3) through God's accepting his bride before rape is actualized. Her death marks her physical integrity (virginity), an integrity which she will offer to her bridegroom-in-waiting: Christ. The bride of Christ motif is linked to the relationship articulated in The Song of Songs: "I am my beloved's and my beloved is mine" (2.16). In the bond that unites them, an economy of reciprocity is displayed. That is to say, if the bride demonstrates her love for Christ by her willingness to sacrifice her life to maintain her purity, He in turn manifests His love by His miraculous intercessions. In the traditional hagiographic narrative structure He does not consistently eliminate her physical tortures (these are, after all, her only means of proving her love and worthiness of sanctification), but He can undo their destruction. Saint Martina, for example, was burned with hot oil, but "all were astonished to find her completely healed, whereupon many were converted." (Christine de Pizan [III.6.1], 226). In the story of Saint Macra, after having her breasts ripped off, Macra lies in prison, at which point God sends his angel to her, "who restored her health to the amazement of all who looked upon her afterwards" (Christine de Pizan [III.8.3], 230).

The Dilemma of Uniting Two Competing Spheres

Because of the narrative constraints imposed by the rules of the "real" world, no such miracles are allowed in Marguerite's universe. Marguerite's prologue may allude to miracles by describing the marvelous qualities of Cauteret's waters ("choses si merveilleuses que les malades abandonnés des médecins s'en retournent tout guéris" [39]), but this nod in the direction of miracles is immediately short circuited by her insistence that her goal is "seulement de raconter ce qui sert à la matière" (39). Thus she undermines the standard tropes of the narrative structure and key scenes of female saints' lives. To allow rape to take place, to allow the rapist to go unpunished, to refuse to let the heroine die after her petition to God to take her soul, is to destroy the didactic potential of a discourse designed to demonstrate the perfection of God's justice.

Does the perfection of God's justice manifest itself at all in novella 2? Yes, but it is concretized in a singular way: in the 25 stab wounds she has sustained. For Christian exegetes, five, the pentad, is the marriage number. Christian mystics also made the pentagon an emblem of Jesus. Twenty-five, the square of 5, was interpreted as the sign of the hope for resurrection, and the sign of justice. Here, God's justice manifests itself in mutilation, with no visible restoration to wholeness. Saints' lives often incorporate not only God's actions but his voice in order to underline the justness that He embodies and the evil that he counteracts and over which he triumphs. Thus, when a malevolent emperor commands that Martina's tongue be cut out so that her words can no longer confound his commands, Martina's voice is replaced by God's, who proclaims for all to hear, "Martina, virgin, because you fought in My name, enter into My Kingdom with the saints and rejoice in eternity with Me" (Christine de Pizan III, 6.1 [227]). In Marguerite's tale, God remains uncannily silent, leaving his justice not only invisible, but questionable.

The *devisants*' reactions to Oisille's story attest to its failure in both spheres: that of the real, and that of the true. Have they been entertained, that is, have they passed the time in a pleasing manner? The women are in tears and the men are silent. Have they been edified by this story of a woman who has heroically risked and lost her life in the name of virtue? To get a sense of the didactic impact of novella two, it is useful to turn to novella four, which also stages a rape, but this time one that is averted through the vigorous resistance of a young woman and the timely arrival of an older lady-in-waiting. This time, instead of silence, it is Hircan's voice that predominates in the ensuing discussion, vigorously proclaiming that fear of death or possible humiliation had turned the pursuer into a coward. The moral he draws from a story that recounts "la vertu de cette jeune princesse et le bon sens de sa dame d'honneur" (72) is hardly what a story of virtue rewarded is designed to elicit. Hircan rewrites the story, replacing the faint-hearted attacker with himself. In Hircan's words: "Il devait tuer la vieille [...] et quand la jeune se fut vue sans secours eut été demi vaincue [...]. Si j'en étais jusque là [...] je me tiendrais pour déshonoré si je ne venais à fin de mon intention" (73). In his mind then, not only would he continue striving to reach his predatory goal, but he would kill any obstacle in his way (in this case, an old woman). He justifies the murderous actions he proposes by evoking the concept of masculine honor.

As we have seen, the narrative structure of the "true" is diametrically opposed to the narrative structure of the "real". By trying to have it both ways Marguerite destroys both the "entertainment" potential of the real and the didactic potential of the true. The tension in the narrative demands an equally impossible feat for the spectator/reader to perform: to see and read simultaneously through the lenses of logic and the lenses of faith.

Works Cited

Bergson, Henri. *Le Rire. Essai sur la signification du comique.* 1900. Paris: PUF, 1999.

Cazelles, Brigitte. *The Lady as Saint. A Collection of French Hagiographic Romances of the Thirteenth Century.* Philadelphia: University of Pennsylvania Press, 1991.

Chilton, P. A., trans. *The Heptameron.* By Marguerite de Navarre. London: Penguin Books, 1984.

Cholakian, Patricia Frances. *Rape and Writing in the* Heptaméron *of Marguerite de Navarre.* Carbondale: Southern Illinois University Press, 1991.

_____, and Rouben C. Cholakian. *Marguerite de Navarre. Mother of the Renaissance.* New York: Columbia University Press, 2006.

Christine de Pizan. *The Book of the City of Ladies.* Trans. Earl Jeffrey Richards. New York: Persea Books, 1982.

Cottrell, Robert C. "Spirit, Body, and Flesh in Marguerite de Navarre's *Heptaméron*." *Heroic Virtue, Comic Infidelity: Reassessing Marguerite de Navarre's* Heptaméron. Ed. Dora E. Polachek. Amherst: Hestia Press, 1993: 23-35.

Ferguson, Gary. *Mirroring Belief: Marguerite de Navarre's Devotional Poetry*. Edinburgh: Edinburgh University Press, 1992.

Gelernt, Jules. *World of Many Loves: The* Heptameron *of Marguerite de Navarre*. Chapel Hill: University of North Carolina Press, 1966.

Gravdal, Kathryn. *Ravishing Maidens. Writing Rape in Medieval French Literature and Law*. Philadelphia: University of Pennsylvania Press, 1991.

Heller, Henry. "Marguerite de Navarre and the Reformers of Meaux." *Bibliothèque d'Humanisme et Renaissance* 33 (1971): 271-310.

Jacobs, Joseph. Introduction. *The Palace of Pleasure*. By William Painter. London: D. Nutt, 1890. xi-xxxvi.

Jourda, Pierre. *Marguerite d'Angoulême, Duchesse d'Alençon, Reine de Navarre (1492-1549)*. 2 vols. Paris: Champion, 1930.

Marguerite de Navarre. *Heptaméron*. Ed. Simone de Reyff. Paris: GF Flammarion, 1982.

Olsen, Michel. *Les transformations du triangle érotique*. Copenhagen: Akademisk Forlag [eksp.DBK], 1976.

Painter, William, trans. *The Palace of Pleasure*. 1566. Ed. Joseph Jacobs. London: D. Nutt, 1890.

Polachek, Dora E. "Narrating the 'Truth': The Problematics of Verisimilitude in the *Heptaméron* Prologue." *Romance Languages Annual* 1989 (1990): 301-05.

Roelker, Nancy Lyman. *Queen of Navarre: Jeanne d'Albret (1528-1572)*. Cambridge: Harvard University Press, 1968. (Quoting from letter of August 22, 1555 to Vicomte de Gourdon, B. N. , F fr 17,044, fol. 446).

Tetel, Marcel. "*L'Heptaméron*: Première nouvelle et fonction des devisants." *La Nouvelle française à la Renaissance*. Ed. Lionello Sozzi. Paris: Slatkine, 1981. 449-58.

Marcy Farrell

University of Wisconsin-Madison

The Heroine's Violent Compromise: Two Fairy Tales by Madame d'Aulnoy

Violence is a fairly standard ingredient of fairy tales. In many traditional tales, protagonists suffer at the hands of their cruel adversaries, who are in turn punished, sometimes mercilessly. This essay examines two literary fairy tales that include more surprising instances of violence, wherein gentle heroines become suddenly capable of brutal acts. By examining these tales in terms of their use of and variation on popular tale types and motifs, it shows how Aulnoy's versions of these tales bring into play questions of women's power and female solidarity. Read in the light of Aulnoy's gender politics, these tales raise the issue of the betrayal of female solidarity and suggest a tragic compromise that the author's heroines must make in order to remain engaged in society.

The immensely popular literary fairy tales published in France toward the end of the seventeenth century are replete with acts of violence, committed by both antagonists and protagonists. While the rules of *bienséance* banished blood and death from the stage, scores of literary fairy tales suggesting and explicitly depicting violence, murder, and all manner of cruelty found great favor with the reading public. Most of the authors of these tales were aristocratic women, although Charles Perrault was a notable exception. Marie-Catherine d'Aulnoy, the best-known and most prolific of the *conteuses*, weaves various kinds of violence into her tales, with great imagination and evident pleasure. Based on popular folk tales and classic myths, her stories incorporate the violence that is characteristic of the oral tradition. But Aulnoy's tales are always explicitly political, and her politics play into her use of violence. While it is most often the antagonists who inflict harm and later receive cruel punishments, some of Aulnoy's noble, benevolent protagonists also prove capable of surprisingly violent acts. Here, I examine two tales by Aulnoy, "Finette Cendron" and "Chatte Blanche," wherein an otherwise exceedingly gentle, gracious protagonist erupts into momentary violence. As we shall see, this violence is tied to one of Aulnoy's most consistent themes: the critique of women who betray female solidarity in the pursuit of their own power.

For the most part, Aulnoy did not invent the violent elements of her stories. The fairy tale is a genre inclined to violence. Indeed, its basic thematic structure requires some degree of violence: fairy tales typically revolve around a protagonist who suffers unjustly at the hands of others. As a number of scholars have pointed out, even fairy tales that purport to be simple children's stories frequently involve remarkable acts of viciousness and cruelty. Such acts commonly occur as punishment for the evil deeds of the antagonist, as when Sleeping Beauty's stepmother must dance in red-hot iron shoes, or Cinderella's stepsisters' eyes are plucked out by birds. Evildoers, however, are not the only perpetrators of violence; protagonists also commit violence, often in the name of self-preservation. Thus, Hansel and Gretel burn the evil witch in her own oven, and Tom Thumb decapitates seven little ogre children, without losing their status as fundamentally good characters. Aulnoy's stories are full of both the sadistic violence that characterizes fairy tale villains and the punitive violence that is their just fate. Overtly political, her texts consistently criticize bad rulers for their abuses of power and rail against masculine power over women's lives. Violence in her tales is often a key element in her portrait of offensive monarchs or their counselors; it is also a characteristic of odious husbands. An aristocrat writing for an upper-class public, Aulnoy promotes shaking up the status quo in certain ways, particularly concerning women's place and power in society, while maintaining the aristocracy's power and privilege. Her heroines are all noble figures, conforming to the *précieuse* model of femininity[1], yet they are allowed moments of revolt. But not all the violence of her female

---

[1] See Jacques Barchilon's discussion in the preface to *Le Nouveau Cabinet des fées*.

protagonists can be understood as simple acts of rebellion. In the tales I examine here, violence is a necessary evil, a compromise that must be made in women's quest to gain power.

Although her material is largely drawn from mythology and the oral folk tradition, Madame d'Aulnoy's texts are extremely "literary" renderings, much longer and more complex than a typical oral tale. As Jean Mainil points out, Madame d'Aulnoy tends to stitch together two or three tales, though occasionally she will break a single tale into two or three separate stories. She tends to remove "popular" details and characters and replace them with aristocratic ones. She clearly had a message for her aristocratic counterparts; the "people" were not her target audience. This leads to a possibility of reading Aulnoy simply as a hypocritical elitist who stole the tales of the people for her own self-interested purposes. However, such an argument assumes that tales really belong only to a certain portion of the population, and that there is such a thing as a pure version of a tale. Like tellers before and after her, Madame d'Aulnoy adapted traditional tales according to her circumstances and her whims. Such adaptations are the right, indeed part of the art, of every teller, even ones from the privileged elite.

Indeed, no peasants rise to wealth and power in these literary tales. Aulnoy's heroes and heroines are always of high birth (although some pass through stages of rough living). Nevertheless, though Aulnoy's tales ceaselessly defend and reinforce the privileges of the aristocracy, they are simultaneously concerned with questions of oppression and resistance. Her writing is marked by an overt political and social engagement, especially given that she worked within quite severe social and political constraints. The heavy-handed censorship of the Ancien Régime is well known, and expectations for women writers presented particular difficulties.[2] Yet Aulnoy's tales offer unambiguous social critiques and call for radical social change, especially in terms of women's status and rights, but also in terms of the broader society. Aulnoy returns frequently to questions of war and injustice, and repeatedly brings up the question of monarchs acting for the benefit of their subjects. Several tales involve popular revolts

---

[2] Mainil notes that Aulnoy wrote during an "[é]poque où il n'était pas bon d'être 'femme écrivain' et encore moins 'femme savante,' parce que tout cela implique 'ridicule'" (26).

against cruel, flawed, or inadequate monarchs; at least one tale includes the phrase "coup d'état."[3] The theme of social change in Madame d'Aulnoy's writing should not be overstated — it is abundantly clear that she approves of and desires to maintain the social hierarchy that favors those like her. Yet a subversive and radical current is always present. Aulnoy's tales invite us to see their seditious side — sedition not for its own sake, but as a vision of a new social order.

Above all, these tales all take on the issue of women's power in the social and political spheres. Aulnoy envisions worlds where women — aristocratic women, to be sure — wield power, both in their own lives and in the public and political world. These women are for the most part protagonists who use their power appropriately and benevolently. Yet there are more than a few evil fairies and queens in Aulnoy's work. Aulnoy's tales clearly call for change regarding women's place and possibilities in society, but they also depict the damage done by powerful women who maneuver to maintain the status quo.

Aulnoy's texts feature the two faces of the woman-mother-witch found throughout the folk tale tradition: the sage woman capable of protecting the protagonist against the wicked enemy bent on the protagonist's destruction and the evil witch-queen who persecutes the protagonist.[4] Her texts differ from more traditional, popular renderings of tales, which frequently develop either one figure or the other. Aulnoy seems to insist on the presence of both, perhaps suggesting that women must choose to act as one or the other. But this choice doesn't smack of the kind of virgin-whore or saint-witch dichotomy present in tales and texts across many cultures and eras. Rather, Aulnoy seems interested in the forms and directions that power can take and particularly in the impact of powerful women in the realms of both the personal and the political.

Taking figures and motifs from the popular, oral tradition, Aulnoy brings a critical eye to her world and writes into being new possi-

---

[3] In "La Bonne petite souris" the fairy suggests: "Ne nous amusons point, il faut faire un coup d'état: allons dans la grande salle du château, haranguer le peuple."

[4] Merluche in "Finette Cendron" and Chatte Blanche, La Grenouille Bienfaisante, and La Bonne Petite Souris in the tales that bear their names belong to the former category; Truitonne in "L'Oiseau bleu," La Fée Carabosse in "La Princesse Printanière," and the evil fairies in "Chatte Blanche" belong to the latter.

bilities for her society. Fairy tales are typically about transformation, and often about the transformation of the powerless. They are a way for the powerless to express resistance and to envision a different, better world. Aulnoy's imagined world is defined by the presence, even the dominance, of feminine power. Yet even within this marvelous, imagined universe, this power is still limited, existing within unbreakable constraints. This is part of the realism of Aulnoy's fairy tales: the world she envisions closely resembles the aristocratic world of seventeenth-century France. It is a reality that "could be," with the help of just a little magic to make room for powerful, independent, self-determined women. Yet, as we shall see, Aulnoy's heroines are not ultimately wholly satisfied with their enchanted worlds. The real world has its attractions as well, and Aulnoy's princesses want to be part of it.

Thus, while magical, utopian realms are a hallmark of Aulnoy's texts, a countervailing characteristic is the desire to engage fully in society. A recurring motif — that of the heroine shut away in a tower — suggests to what extent Aulnoy abhors the idea of social isolation. Again and again, her heroines are imprisoned in towers where they suffer, above all else, from the seclusion and loneliness of their plight. The marvelous universes where Aulnoy's fairies and queens reign are not depicted as lonely or isolated. But the presence of the tower, represented as a harshly cruel and heartbreaking fate in so many of her texts, indicates her deep aversion to the prospect of being cut off from the rest of society. Aulnoy's heroines frequently return to society after a prolonged adventure in the marvelous. This is a pattern typical of traditional tales, where the hero or heroine usually returns to the everyday world, having gained knowledge, power, or maturity. The tales under consideration here follow this pattern, but their return to society involves a compromise not usually present in traditional tales.

"Finette Cendron" combines two well-known traditional fairy tales, or what folklorists refer to as "tale types."[5] The first part resembles the tale type "The Small Boy Defeats the Ogre" (best known in France as "Le Petit Poucet" and known in English as "Tom Thumb," or "Hop o' My Thumb"), while the second is a Cinderella story.

---

[5] The Aarne-Thompson Tale Type Index is the most widely recognized catalog of tale types.

Aulnoy's text tells of the tribulations and ultimate triumph of the
youngest of three princesses. The first part of the tale, resembling the
"Petit Poucet" tale, begins with the story of impoverished monarchs
who wish to get rid of their too burdensome children. The family's
dire straits are a result of the King and Queen having managed their
affairs badly ("un roi et une reine qui avaient mal fait leurs affaires"
482), which in turn leads to their being forced into exile. The Queen is
the clear authority figure of the family. Seeing the three daughters as
only more mouths to feed, she accuses them of laziness (an accurate
description in the case of the two elder princesses) and proposes to
lead them away and abandon them in a distant forest or desert.

Finette, the youngest princess, is a clever, sensitive, virtuous
heroine. Although the elder princesses are relentlessly, almost sadisti-
cally cruel to Finette, she sweetly and steadfastly forgives and protects
them. Finette is twice able to outwit the Queen, but ultimately the
three princesses become hopelessly lost in the wilderness. They wan-
der together through deserted country, facing various challenges to
their survival. Finally, they come to a fabulous castle, where they expect to encounter eligible young princes, only to find an ogre couple
eager to devour them. Confronted with this disastrous reality, Finette
not only uses her wits to overcome the situation, but she becomes re-
markably aggressive, even ruthless, burning the ogre in his own oven
and lopping off the ogress's head with an axe. This sudden capacity
for violence is startling, given the profound virtue and gentleness that
characterize Finette.

Finette's abrupt turn to ferocity is wholly justified, yet still quite
surprising. At this point in the tale, she has already endured cruelty
and a multitude of misadventures with grace and patience, usually
finding a clever way out of her difficult situations. When the sisters
come to the castle, they expect to find princes with whom to live hap-
pily ever after, but instead they find ogres. This in itself is an ironic
commentary on women's experience of marriage, which Aulnoy often
represents as a violent and dangerous affair. Finette's violence, however, is on one level clearly a simple act of self-defense. It is also an
integral part of the tale type, which generally includes a frightful ogre
who wishes to eat the protagonist, and also the ogre's wife, who provides protection, usually by hiding the hero.

In traditional tales, the hero often escapes by tricking the ogre, then fleeing. Aulnoy's text varies on this pattern in several interesting ways. While the ogress does seek to hide the girls, it is not to protect them, but so that she may eat them herself, rather than sharing them with her husband. Finette deals with the ogre by tricking him into falling into his enormous oven, a typical solution for this tale type. Her encounter with the ogress, however, is not part of the traditional pattern. She approaches the ogress with much greater caution than when dealing with the ogre, and here she does not act alone. The sisters come together to console the ogress, and Finette proposes they give her a makeover to help her attract a new husband. The sisters distract the ogress, doing her hair and chatting amicably, causing her to drop her guard. Finette deftly steps in at this moment and abruptly beheads her momentarily vulnerable enemy.

The phrase immediately following this act is striking: "Il ne fut jamais une telle allégresse" (492). Finette's violence is clearly liberating in a number of ways. The sisters are of course no longer prisoners — they are out of danger, and can now revel in the treasures of the castle. Yet Finette's act also liberates their laughter and happiness. While such joy is not unusual in this tale type, this moment of glee stands out considerably in Aulnoy's text. Ogres are, of course, an easy target for violence. Finette can hardly be reproached for defending herself, and the ogres are monsters who clearly merit their fate. Yet the scene of feminine bonding used to trick the ogress is provocative. While the ogre is simply stupid and easily fooled, the ogress must be manipulated. A parallel to the Queen who first schemes to lose the princesses in the woods and who so easily manipulates her husband, the ogress is the monstrous face of the Queen wholly revealed. This situation may of course be read as an allusion to court politics and the controversial power of women such as Mme de Maintenon.[6] Finette's violence, however, suggests more complex levels of meaning. It is not only an instinct to self-preservation, or a veiled criticism of a particular woman; it is a gesture of revolt against the figure of the powerful woman who sacrifices other women in order to maintain and enjoy her own power.

---

[6] See Zipes, chap. 2, for a discussion of how literary fairy tales transformed traditional, popular tales in ways that expose the influence of the Ancien Régime.

Despite the momentary joy of the three sisters, Finette is later saddened by her act. We learn that Finette "avait le cœur serré de douleur," and she tells herself, "sans moi, l'ogre et sa femme se porteraient encore bien" (493). Such regret is not common to the tale type. Moreover, Finette's sadness is explicitly tied to the behavior of her sisters, who return to their habitually cruel and nasty ways. Finette's heart aches because her turn towards violence seems to have been in vain; she is still rejected and mistreated by the sisters she unswervingly cares for. Their moment of solidarity is as fleeting as the moment of feigned bonding with the ogress. Finette's grief stems not from a sense of guilt but from a sense of loss, for she has confronted the most tragic and threatening source of violence in her world: women who betray feminine solidarity for their own ends. Ironically, this is what Finette herself has just done, in staging an act of feminine bonding in order to attack the ogress. If she is forced to kill the ogress in self-defense, she is also forced to take on the kind of violence she herself suffers throughout the story.

The second tale I wish to examine, Aulnoy's "Chatte Blanche," includes a tale within a tale. Like "Finette Cendron," it is a composite tale that uses structures and motifs found commonly in the popular oral tradition. It is at first the story of a prince but becomes that of a princess — one who takes over the narrative in order to tell her own story. The prince is the youngest of three brothers sent away on a series of quests by their father the king, who secretly fears that one of them may attempt to seize power. The youngest prince becomes lost in the forest, a common fairy tale motif wherein the hero passes from the real world into the domain of the marvelous. He encounters an enchanted castle, the center of an ideal, magical universe where political and personal power are reimagined and, in particular, are given a decidedly feminine stamp. Reigning over this universe is an extraordinary white cat capable of speech. She provides the prince with the objects needed for each quest, orchestrating each of his triumphant returns to his kingdom. Upon the third quest, the young prince proclaims that he no longer wishes to return to his kingdom, but Chatte Blanche refuses, insisting he must complete his final task. She then declares that the moment has come for him to break an evil spell that hangs over the castle; to do so, he must kill her. Though he protests, she insists so forcefully that he obeys, cutting of her head, whereupon she is transformed into a dazzling princess. Eventually, Chatte Blanche and the prince leave the realm of the marvelous, returning to the human world where they reign benevolently as beloved monarchs. While it is the prince who perpetrates the violence, it is clearly with Chatte Blanche that it originates. Throughout the story, she directs the prince's actions as if he were her puppet, and he is characterized by his profound obedience to her. We are surprised not so much by the prince's willingness to do as she commands, but by the command itself.

The figure of the white cat gifted with speech, whose disenchantment must occur through decapitation, is found in many tales.[7] Aulnoy's version is distinguished by the explicitly feminine nature of the castle and her development of Chatte Blanche's identity story, which comprises almost half of the entire text. Her own story in fact begins with that of her mother, whose transgressions are the ultimate source of Chatte Blanche's enchantment.

The prince's violent act and Chatte Blanche's insistence on this violence are the necessary conditions of the unveiling of her identity and, indeed, of her liberation. This is not an uncommon motif in folk and fairy tales. Elizabeth Harries, in an article entitled "The Violence of the Lambs," notes the link in "Chatte Blanche" between the necessary passage through violence and the newfound capacity of the heroine to tell her own story. Harries reads the decapitation as "sacrificial violence" which permits Chatte Blanche's rebirth into human form, but it is also a "necessary stimulus to story" (62). To further add to this discussion, I would suggest that Chatte Blanche sacrifices herself to violence not only to be reborn, but also in recognition of the violence she must be willing to accept in order to return to a more significant kind of power. Aulnoy's tale implies that such violence is a compromise that women must eventually make in order to achieve and retain power in the world.

Chatte Blanche, thus liberated by the act of violence, is able to return to herself and literally give voice to her true identity. However, the transformation permitted by the violence ultimately leads her away from the idyllic world of her enchanted castle. Restored to human form, Chatte Blanche leaves the realm of the marvelous — which in

---

[7] See the Aarne-Thompson Index, as well as Azzolina.

Aulnoy's text is a markedly feminine domain — and returns to the world to reclaim a political power that both she and her mother had previously abandoned. Her return to the world is a triumph, yet it is based on a disturbing condition: her symbolic death. This death corresponds to Chatte Blanche's renunciation of the ideal world she had reigned over while enchanted. Her castle is a utopian model of good government and artistic pursuits, but it is also a realm of explicitly feminine power. For example, when the prince first arrives, he is greeted by hands that push him inside. The hands are insistent, even dominating, causing the prince enough worry to reach for his sword, but they also appear quite feminine, described as "fort belles, blanches, petites, grassettes et proportionnées" (167). The hands promptly undress the prince and then provide him fine new clothes. Although receiving new clothes is a frequent motif to mark the beginning of the transformation of the hero of a traditional tale, the undressing of the hero is not a standard ingredient. The hands also ready the prince by combing his hair with "une légèreté et une adresse dont il fut fort content" (167). In Aulnoy's tale, these details and the feminine qualities of the hands establish the castle not only as the realm of the marvelous, but also as a space dominated by feminine sexuality. Other portions of the text represent the castle as a society where female collaboration and community are privileged. Chatte Blanche's return to the world signals an acknowledgement that such feminine power can only exist in an isolated, indeed imaginary realm. Real power, the power that truly matters, must be exercised in the imperfect, masculine world of human society. Aulnoy suggests that to enjoy such power, women must make painful concessions to the constraints of society, concessions that amount to calling for violence upon themselves. This violence is ultimately bearable because it permits women to become or remain significant players in society's all-important games of power. It is the violence of the bargain that the powerful woman must make with the world.

Of course, Chatte Blanche's symbolic death and return to the world do not imply a complete concession to all of the constraints of society. She does return as a triumphant and powerful monarch. And while her enchanted castle is a utopian realm, the marvelous universe is not a wholly benevolent place. Although Chatte Blanche's castle is a female community based on egalitarian principles, the tale offers a counter-example in the collective figure of the cruel fairies who raise Chatte Blanche. Overtly described as merciless and violent, these fairies are at once more powerful and more despicable than any of the male despots found in Aulnoy's work.

The fairies are the adoptive mothers of the princess; it is they who transform her into a white cat, as a punishment for her insubordination. They raise her in luxury, but imprisoned within a tower, specifically isolating her from men. The princess falls in love with a suitor who comes secretly to her window; the fairies, however, plan to marry her off to a fairy king. Significantly, the fairy most directly involved in discovering and repressing the princess's rebellion is named La Fée Violente. She threatens to burn the princess if she does not open her heart to her; ultimately, she goes to the other fairies to develop a strategy to rein in their adopted daughter. They come to her room at night, accompanied by their dragon, planning to bind her hands and feet and turn her over to the fairy king. They surprise the princess with her lover, whom they command the dragon to devour. When the princess tries to follow her lover into death by offering herself to the dragon, the fairies prevent her from doing so, saying, "il faut […] la réserver à de plus longues peines, une prompte mort est trop douce pour cette indigne créature" (513). It is at this point that the fairies, whom the text describes as "encore plus cruelles que le dragon" (513), transform the princess into a white cat and banish her to a faraway realm. Of course, this "punishment" turns out to be a great gift in many ways, since Chatte Blanche then reigns over a marvelous, ideal universe. But the origin of the enchantment is narrated as part of the fairies' vicious cruelty, and their desire to hurt and isolate the princess. A representation of harsh, corrupted feminine power, these fairies suggest the ways in which women can be powerful in the real world, not only by adopting, but also by exaggerating, the abusive strategies that men and monarchs use in order to conserve power.

Chatte Blanche can escape the fairies' enchantment only by submitting to violence, and indeed, by inviting violence upon herself. However, Aulnoy's tale does not abandon its earlier optimism and idealism, despite the violence at its core. Chatte Blanche's return to power in the world does not require her to become cruel, vicious, and manipulative. In this way, she is spared the kind of heartbreak Finette Cendron suffers after her turn to violence.

Both Finette and Chatte Blanche appear to be liberated by violence, but it is violence that is ultimately part of a tragic compromise. While these heroines are clearly rebels, the violence in these tales is not that of rebellion. In fact, one of the characteristics that distinguish these heroines is their general disinclination to violence, particularly the manipulative violence perpetrated by women against other women. This is the most tragic kind of violence in Aulnoy's work, the kind for which she cannot imagine a real solution. It is, finally, the most realistic violence represented in these magical tales — a violence that even enchantment cannot overcome.

Works Cited

Aarne, Antti. *The Types of the Folktale: a Classification and Bibliography.* Antti Aarne's *Verzeichnis der Märchentypen.* Trans. and enlarged by Stith Thompson. Helsinki: Academia Scientarum Fennica, 1961.

Aulnoy, Marie-Catherine. "Chatte Blanche," "Finette Cendron." *Le Nouveau Cabinet des fées.* Ed. Jacques Barchilon. Geneva: Slatkine, 1978.

Azzolina, David. *Tale Type and Motif Indexes: An Annotated Bibliography.* New York: Garland, 1987.

Barchilon, Jacques. *Le Nouveau Cabinet des fées.* Geneva: Slatkine, 1978.

Harries, Elizabeth. "The Violence of the Lambs." *Marvels and Tales* 19.1 (2005) 54-66.

Mainil, Jean. *Madame d'Aulnoy et le rire des fées: essai sur la subversion féerique et le merveilleux comique sous l'Ancien Régime.* Paris: Kimé, 2001.

Zipes, Jack. *Fairy Tales and the Art of Subversion.* New York: Routledge, 1991.

Florence Pellegrini

Institut des Textes et Manuscrits Modernes — CNRS

L'indisable et l'obscène: Flaubert, Sade et la loi. À propos de *Bouvard et Pécuchet*

La critique flaubertienne, s'appuyant sur les tonitruantes déclarations de la *Correspondance*, s'aventure régulièrement à rechercher les points de jonction entre les œuvres de "l'ermite de Croisset" et celles du Divin Marquis. De Madame Bovary à Saint Julien l'Hospitalier, sans oublier la "pourpre" Salammbô, les personnages flaubertiens se voient attribuer perversions et caractéristiques sadiennes. Toutefois, au-delà de la cruauté évidente et provocatrice de certains textes flaubertiens, au-delà d'une parenté "de surface", faite de réminiscences et d'allusions cryptées, il semble exister une divergence fondamentale entre les deux auteurs, telle qu'elle se donne à lire dans leur rapport singulier à la loi: retournement pervers pour l'un, maintien et évidement pour l'autre — deux postures radicalement différentes sinon antagonistes.

Que Flaubert fût un admirateur de Sade, la *Correspondance* de "l'ermite de Croisset" en témoigne amplement: ici inspirateur, insufflant, au travers de ses protagonistes, sa "force violente" (Séginger, "La Tunisie" 5) au récit — "Je finis maintenant le siège de Carthage, et je vais arriver à la grillade des moutards. Ô Bandole,[1] toi qui les noyais dans l'étang, inspire-moi", écrit Flaubert à Jules Duplan le 25 septembre 1861 (*Correspondance*, tome I 176), alors qu'il rédige *Salammbô* —, ailleurs figure amicale et tutélaire, volontiers identifi-

---

[1] Il s'agit de M. de Bandole, personnage de *La Nouvelle Justine*.

catoire: si Sade n'est, dans la *Correspondance* de Flaubert, que très rarement nommé,[2] il est affectueusement surnommé "le Vieux", du même sobriquet dont Flaubert signe certaines de ses lettres (à son ami Bouilhet, à sa nièce Caroline ou encore à George Sand).

L'influence de l'œuvre de Sade sur l'écriture de *Salammbô* est indéniable. Les travaux de Gisèle Séginger sur la *Correspondance* ont montré que Sade est une référence constante pendant la rédaction du roman carthaginois.[3] L'outrance du Marquis, ses accumulations terrifiantes de cruauté, son grotesque[4] aussi, sont en point de mire de l'écriture flaubertienne:

> Je suis à la moitié à peu près de mon dernier chapitre. Je me livre à des farces qui soulèveront de dégoût le cœur des honnêtes gens. J'accumule horreurs sur horreurs. Vingt mille de mes bonshommes viennent de crever de faim et de s'entre-manger; le reste finira sous la patte des éléphants et dans la gueule des lions

écrit Flaubert aux Goncourt, le 2 janvier 1862 (*Correspondance*, tome III 194). Violences répulsives, souffrances et ignominies en chaîne — dévoration, écrasement, anthropophagie — mais aussi "farce" — il y a une part de "blague" dans l'extravagance du récit et l'exubérance horrifique —, le tout mêlé dans ce que l'on pourrait peut-être nommer, en

---

[2] Voir les lettres à Ernest Chevalier du 20 janvier 1840 (*Correspondance*, tome I 61) et du 7 juillet 1840 (*Correspondance*, tome I 65). Sandrine Berthelot note que "Sade n'est cité, en fait, que neuf fois sur l'ensemble de la correspondance" (Berthelot 566).

[3] Voir l'article précédemment cité et le dossier réalisé pour son édition de *Salammbô*, en particulier "Contre l'Histoire: un roman 'pourpre'": 430-32.

[4] "N'est-ce pas que je ressemble assez à Bandole? J'ai comme lui une bibliothèque. Je vis à la campagne. Et je possède un tempérament et des principes. Ah! Duplan, comme je t'aime, mon bon, pour comprendre ainsi le grand Homme [c'est Sade qui est ainsi désigné et non son personnage]. Tu es le seul mortel de la création qui le sente comme moi. Cet 'affreux livre', cet abominable ouvrage', etc., a été le plus grand élément de grotesque dans ma vie. J'ai maintes fois cuydé en crever de rire! [...] Quelles créations! quels types! et quelle observation de mœurs! Comme c'est vrai!", Lettre du 20 octobre 1857 à Jules Duplan (*Correspondance*, tome II 771).

empruntant à Flaubert lui-même, un "grotesque cru",[5] rictus grinçant immédiatement figé en une grimace d'effroi.

"Roman pourpre" (Goncourt 888) noyé dans la lumière sanglante d'un soleil crépusculaire,[6] *Salammbô* recèle, de fait, un "dynamisme noir" qui rejoint la perspective sadienne: même conception d'un temps cyclique où la vie se nourrit de la mort, même dédain ricanant du progrès[7] et même représentation d'une nature impassible qui "répète ses violences pour assurer à la vie sa pérennité" (Séginger, "La Tunisie" 5).

D'une manière comparable, la violence de *La Légende de Saint Julien l'Hospitalier*, qui met en scène les carnages animaliers et la délectation du sang, prémices aux meurtres sacrilèges du double parricide, peut se donner à lire comme réminiscence sadienne. Réminiscence sadienne dans l'excès de la représentation et perspective sadienne dans le renversement du sacrilège en sainteté, dans la logique du rebours ou de l'envers caractéristique de la structure perverse maintes fois repérée chez Sade.[8]

Plus profondément, les œuvres des deux auteurs seraient imprégnées du même imaginaire politique, qui véhicule une conception acausale et non rationnelle de l'Histoire, ce que Gisèle Séginger nomme une "perspective anhistorique" ("La Tunisie" 5),[9] c'est-à-dire

---

[5] Voir la lettre à Louise Colet du 21 août 1846 (*Correspondance*, tome I 307). On pourra également se référer au célèbre article de Michel Crouzet, "Sur le grotesque triste dans *Bouvard et Pécuchet*".

[6] "D'un seul coup il fendit la poitrine de Mâtho, puis en arracha le cœur, le posa sur la cuiller, et Schahabarim, levant son bras, l'offrit au soleil.

Le soleil s'abaissait derrière les flots; ses rayons arrivaient comme de longues flèches sur le cœur tout rouge. L'astre s'enfonçait dans la mer à mesure que les battements diminuaient; à la dernière palpitation, il disparut" (*Salammbô* 377).

[7] "Quelle dérision que ces mots 'humanité, progrès, civilisation'", Lettre du 18 décembre 1870 à sa nièce Caroline (*Correspondance*, tome IV 266).

[8] Voir en particulier Jacques Lacan, "Kant avec Sade" repris par François Ost, *Sade et la loi*.

[9] On se référera également à l'article de Claude Duchet, "L'image de Sade à l'époque romantique", cité par Jeanne Bem dans "Sade, Flaubert, Emma": 391. Pour Claude Duchet, Flaubert trouverait chez Sade "une justification théorique pour sa pensée pessimiste de l'Histoire" (Bem 391).

une perspective qui dénie à l'Histoire sa linéarité et enferme la nature dans un temps circulaire, réfutant par là même l'idée de progrès.

De là à conclure que "Sade est partout", il n'y aurait qu'un pas à franchir et qui semble particulièrement séduisant.[10] Envisager une parenté entre les deux écrivains est un *topos* qu'affectionne la critique et qui revient régulièrement sous la plume ou dans les propos des exégètes flaubertiens. Dans son article "Sade, Flaubert, Emma", Jeanne Bem, développant les remarques de Mario Varga Llosa dans *L'Orgie Perpétuelle*, fait d'Emma Bovary une héroïne sadienne à l'érotisme sombre — on évoquera pour mémoire les rendez-vous du jeudi, où la brutalité théâtrale des déshabillages d'Emma terrifie le falot Léon —, épanouie dans l'adultère — elle atteint le paroxysme de sa beauté lors de sa première liaison ("Jamais Madame Bovary ne fut aussi belle qu'à cette époque..."; *Madame Bovary* 305) —, incarnation parfaite du "bonheur dans le mal".[11]

Sade et Flaubert partageraient, au-delà d'une renommée scandaleuse — mais quelle disproportion entre le "procès Bovary", conclu par l'acquittement de Flaubert, et les vingt-huit années d'enfermement du Marquis, et ce sous trois régimes différents (victime des lettres de cachet sous la monarchie, Sade est emprisonné comme suspect sous la Terreur, puis détenu en maison de santé sous l'Empire) —, le même radicalisme subversif visant, à travers l'ébranlement des codes et institutions, à travers la critique de la pensée dominante — le consensus commode dans lequel se complaisent les masses —, à la démystification de l'hypocrisie sociale et à la déconstruction d'un ordre conventionnel, oppressif pour l'individu, partant insoutenable.

Le rapport polémique à la loi et à la règle comme caractéristique commune aux deux auteurs, c'est ce qu'il convient peut-être de préciser et de spécifier davantage. Car, en dépit d'un mépris partagé pour la norme et d'une réfraction commune aux impératifs doxiques — et de

---

[10] La remarque est de Pierre Michon, France Culture, 22 juin 2001, entretien avec Pierre-Marc de Biasi, cité par Jeanne Bem (Bem 391-92). Invité du Colloque *Flaubert, écrivain* de Cerisy-La-Salle, en juin 2006, Pierre Michon évoquait à nouveau la proximité entre les deux écrivains et soulignait le "sadisme compassionnel" du narrateur flaubertien.

[11] Thème dont la "montée insinuante" traverse le XIXe siècle, dans une subversion inaugurée par Sade — c'est la définition de l'hédonisme sadien (voir Lacan 241).

quelle émanation que puisse être cette doxa —, le positionnement de Flaubert me semble sensiblement différent de celui de Sade. En effet, la transgression qui préside à l'œuvre du Marquis ne dénie la loi que "pour mieux la violer en même temps qu'[elle] la confesse" (Blaise 247). La structure perverse dans laquelle se coulent les œuvres de Sade "n'ignore [donc] pas la loi" (Blaise 247): elle ne peut même se constituer que "contre" cette loi qu'elle conspue, c'est-à-dire dans un maintien préalable et une proximité nécessaire à son renversement.[12] Autrement dit, le déni de loi est en même temps — et paradoxalement — un rappel de loi: rappel "en creux" qui invalide l'ordre établi et le contrat social mais restaure la souveraineté autoritaire du sujet. De là, sans doute, la frontalité de la violence sadienne, qui s'affirme essentiellement dans le contre-pied. Qu'il s'agisse de mettre en scène les "malheurs de la vertu" ou les "prospérités du vice", la représentation se fonde sur une dichotomie irréductible, forme de partage du sensible qui nécessite, pour subvertir complètement les valeurs conventionnelles, de s'appuyer sur elles ou mieux, de se fonder en elles. C'est bien "en partant de[s] conventions sociales et ne s'écartant jamais du respect qu'on [...] inculqua pour elles dans l'éducation" (*Les Infortunes de la vertu. Œuvres*, tome II 3) c'est-à-dire en se référant constamment aux valeurs de l'univers décrié que s'impose l'envers sadien. Les exemples abondent de cette crudité de la représentation, forme de délectation cruelle où surenchère du cérémonial et suprématie de "l'homme souverain" (Bataille 182) sont autant d'ostentations provocatrices.

Ainsi la constance romanesque des pratiques homosexuelles et de la sodomie, qui se constituent en archétypes négatifs et blasphématoires du coït reproducteur consacré. Des "quatre libertins" des *Cent vingt Journées de Sodome* au titre programmatique à la "Nouvelle Justine", offensée par une sodomie inaugurale, ou encore à Juliette, instruite par la Delbène et aussi promptement "encul[ée]" (*Histoire de Juliette. Œuvres*, tome III 200) que sodomite — "Je veux t'enculer [...] avec ce godemiché" sera la première exigence péremptoire de Juliette désormais affranchie adressée à son initiatrice (*Histoire de Juliette. Œuvres,* tome III 201) —, les héros de Sade manifestent, à

---

[12] Sur le rapport entre interdit et transgression, voir en particulier Georges Bataille, "La transgression" (*L'Érotisme* 70-77).

travers d'improbables "tableaux" sexuels obstinément stériles, la pré-
valence absolue du désir singulier et, simultanément, la déstabilisation
de l'édifice collectif. Aussi le spectacle "déchiran[t]" auquel assiste
"La Nouvelle Justine" dissimulée "dans un taillis" au chapitre IV du
roman fait-il office de "crime" aux yeux de la vertueuse jeune fille qui
n'a pu se rendre à la séduction et à l'argumentaire pourtant "con-
fond[ant]" (*La Nouvelle Justine. Œuvres*, tome II 455) de Cœur-de-fer
sur la légitimité de la sodomie (*La Nouvelle Justine. Œuvres*, tome II
443-45).

> Alors le maître, qui paraît âgé de vingt-quatre ans, déculotte l'autre, dont
> l'âge est de quatre lustres au plus, le branle, lui suce le vit, et le fait bander.
> La scène est longue... scandaleuse, remplie d'épisodes... entremêlée de
> luxures et de saletés bien faites pour scandaliser celle qui gémit encore
> d'outrages à peu près semblables. Mais quelles étaient ces infamies? Nous
> voyons d'ici quelques lecteurs, plus curieux de ces obscénités que des
> détails vertueux de l'intéressante Justine, nous supplier de leur dévoiler ces
> horreurs: eh bien, nous leur dirons, pour les satisfaire, que le jeune maître,
> nullement effrayé du dard monstrueux dont on le menace, l'excite, le couvre
> de baisers, s'en saisit, s'en pénètre, se pâme, en l'introduisant dans son cul.
> Enthousiasmé par ces sodomites caresses, le coquin se débat sous le vit qui
> le fout, regrettant qu'il ne soit pas plus gros encore; il en brave les coups, les
> prévient, les repousse: deux tendres et légitimes époux se caresseraient avec
> moins d'ardeur: leurs bouches se pressent, leurs langues s'entrelacent, leurs
> soupirs se confondent; et tous deux, enivrés de luxure, trouvent dans une
> mutuelle décharge le complément de leurs voluptueuses orgies. L'hommage
> se renouvelle, et, pour en rallumer l'encens, rien n'est épargné par celui qui
> l'exige: baisers, attouchements, pollutions, raffinements de la plus insigne
> débauche, tout s'emploie à dessein de renouveler les forces qui s'éteignent,
> et tout réussit à la ranimer cinq fois de suite; mais sans qu'aucun des deux
> changeât de rôle; le jeune maître fut toujours femme; et, quoiqu'il fît
> paraître un fort beau vit, que branlait son laquais, tout en le foutant, et qu'il
> pût par conséquent devenir homme à son tour, il n'eut pas même l'air d'en
> concevoir un instant le désir. S'il visita l'engin de son fouteur, s'il le branla,
> s'il le suça, ce fut pour l'exciter... pour le faire bander; mais jamais nul
> projet d'agence n'eut même l'air d'entrer dans son plan. (*La Nouvelle
> Justine. Œuvres*, tome II 468-69)

Quel que puisse être l'excès de la représentation — syntaxe énu-
mérative et récurrence des pluriels à valeur hyperbolique, répétitions
lexicales, obscénité explicite et insistante — qui prolonge la scène —

"la scène est longue" — et la réitère "cinq fois de suite", l'épisode "scandaleux" est avant tout un "plan", une organisation presque monotone — on notera l'utilisation des systématiques "toujours" et "jamais" — à force de régularité sacrilège: la comparaison aux "tendres époux" et la présence de "l'encens" rappellent la "légitimité" qu'il s'agit de renverser. Qu'ils subissent ou qu'ils ordonnent — et il faut ici entendre le terme dans sa double acception de programmation et d'imposition — les personnages sadiens semblent se soumettre à un impératif de planification. La transgression s'élaborant sur l'inversion de l'interdit dénié, elle ne peut qu'en partager la structuration. C'est le cas, par exemple, des "rituels d'initiation" imaginés pour la novice Eugénie de *La Philosophie dans le boudoir* et qui signent corrélative-ment l'effondrement de l'ordre établi et sa substitution par son exacte antithèse. Le supplice infligé à Mme de Mistival, la mère d'Eugénie, relève de cette logique du renversement systématique, à la fois renver-sement du système et renversement comme système. Une gradation cruelle se déploie dans les nombreuses didascalies qui reprennent et synthétisent les discours des personnages et entrecoupent les "dia-logues". Les attitudes se compliquent, les violences se démultiplient jusqu'à l'ultime et scabreux outrage, reniement maternel grotesque et sanglant — la couture du sexe par sa propre fille, répliquée par la couture de l'anus par le libertin Dolmancé —, qui clôt le récit:

> – *(Mme de Saint-Ange l'encule et l'enconne avec son godemiché, elle lui donne quelques coups de poing; le chevalier succède, il parcourt de même les deux routes, et la soufflette en déchargeant. Augustin vient ensuite, il agit de même, et termine par quelques chiquenaudes, quelques nasardes. Dolmancé, pendant ces différentes attaques, a parcouru de son engin les culs de tous les agents, en les excitant de ses propos.)*
>
> – *Eugénie donne, en déchargeant, dix ou douze coups de poings sur le sein et dans les flancs de sa mère.*
>
> – *Mme de Saint-Ange veut la secourir, Dolmancé s'y oppose.*
>
> – *L'attitude s'exécute, Mme de Mistival est toujours en syncope. Quand le chevalier a déchargé, le groupe se rompt.*
>
> – *Le tableau s'arrange; à mesure que Mme de Mistival est fouettée, elle revient à la vie.*
>
> – *Les prononcés suivants se font pendant que les acteurs sont toujours en action.*
>
> – *Ici l'attitude se rompt.*

> *– Tout le monde applaudit, on fait monter le valet.*
>
> *– (Tout s'arrange. Quand Lapierre a foutu le con, son maître lui ordonne de foutre le cul; et il le fait. Quand tout est fini:)*
>
> *– Mme de Saint-Ange donne à Eugénie une grande aiguille où tient un gros fil rouge ciré; Eugénie coud.*
>
> *– Il la couche sur le ventre, prend une aiguille et commence à lui coudre le trou du cul.*
>
> *– Elle le branle.*
>
> *– Il la pique en plus de vingt endroits.*
>
> *– Le groupe se rompt.* (*La Philosophie dans le boudoir. Œuvres*, tome III 171-77)

Le libertin impose sa loi aux victimes, dans une mise en scène réglée où chacun assume un rôle assigné. Les imprécations de l'abbesse Delbène dès l'incipit de l'*Histoire de Juliette* — "Un moment, dit-elle tout en feu; un instant, mes bonnes amies, mettons un peu d'ordre à nos plaisirs, on n'en jouit qu'en les fixant" (*Histoire de Juliette. Œuvres*, tome III 183) — ou les injonctions de Dom Séverino à ses "amis" moines ("mettons de l'ordre à ces procédés"; *Les Infortunes de la vertu. Œuvres*, tome II 23) suggèrent, de même, l'impérieuse nécessité du protocole.

C'est précisément cette inclination rationaliste tendancielle au système et à l'ordonnancement — inclination longuement commentée par Roland Barthes;[13] Maurice Blanchot parle, quant à lui, de "raison excessive" (15) pour caractériser la violence sadienne[14] — qui pourrait

---

[13] Roland Barthes, *Sade, Fourier, Loyola*: "L'ordre est nécessaire à la luxure, c'est-à-dire à la transgression; l'ordre est précisément ce qui sépare la transgression de la contestation. Cela vient de ce que la luxure est un espace d'échange; une pratique contre un plaisir; les 'débordements' doivent être rentables; il faut donc les soumettre à une économie et cette économie doit être planifiée (165). [...] La Loi, non. Le protocole, oui. Le plus libertaire des écrivains veut la Cérémonie, la Fête, le Rite, le Discours. Dans la scène sadienne, il y a quelqu'un qui 'commande les décharges, prescrit les déplacements et préside à tout l'ordre des orgies'; il y a quelqu'un (mais rien de plus que 'quelqu'un') qui fait le programme, trace la perspective (ordonnateur et ordinateur)" (170-71).

[14] "Quelque chose se cherche dans Sade. Cette recherche est celle d'une lucidité nouvelle, ne se poursuit pas sur un mode d'interrogation, mais par des affirmations claires, assurées, toujours décisives. Cela lui est propre. La raison analytique, avec ses postulats et sa promptitude démonstrative, est ici mise au service d'un principe ultime

constituer le point de friction avec Flaubert. Non que Flaubert fût totalement étranger à ce mode d'appréhension de la loi: dans *Bouvard et Pécuchet*[15] en particulier, la loi occupe une place centrale, écueil sur lequel naufragent les tentatives expérimentales des bonshommes. C'est bien souvent la méconnaissance de la loi et de son dérivé pragmatique, la règle, qui motive les ratages répétés des deux protagonistes. Ainsi lors de l'expérience théâtrale du chapitre IV, où les bonshommes envisagent l'écriture d'un drame: "Une illumination lui vint [à Pécuchet]: s'ils avaient tant de mal, c'est qu'ils ne savaient pas les règles" (214).

Mais cela ne constitue qu'une étape de la démarche bouvardo-pécuchetienne ou pour mieux dire un versant, car il n'y a pas réellement de progression dans ce récit ressassant qui reproduit inlassablement le même schéma, légèrement gauchi, légèrement dévoyé à chaque reprise — à chacun des tours de la fameuse "spirale" de Yvan Leclerc (*La Spirale et le Monument*). De la méconnaissance, on glisse rapidement au dédain et du dédain à la dénégation, dans une déconsidération généralisée et un scepticisme accru qui visent à la dissolution même de l'idée de structure. Comme si, en fin de compte, la connaissance des "règles" était inadéquate ou insuffisante. C'est d'ailleurs la conclusion à laquelle parviennent les compères lors de leur expérience théâtrale. Dans l'exemple précédemment cité, l'inspiration quasi divine de Pécuchet ("une illumination lui vint") cède rapidement la place à une conclusion pessimiste: "Donc les règles ne suffisent pas" (215).

La déduction finale est un constat d'inefficacité, qui présage un renoncement ("la vieille critique les dégoûtant"; 215). La mention de la "règle" dessine un arrière-plan théorique et idéologique qui

---

qui ne se découvre pas et dont l'attrait ne tient nullement compte des déterminations de l'analyse. Cette alliance, ce mixte d'une clarté et d'une obscurité est ce qui nous trouble et complique notre lecture, la rendant intérieurement violente" (Blanchot 13-14).

[15] L'édition de référence est celle établie par Claudine Gothot-Mersch. Toutes les indications de pages renvoient à cette édition. Voir également l'édition présentée par Stéphanie Dord-Crouslé, précieuse pour l'érudition de ses notes: *Bouvard et Pécuchet. Dictionnaire des Idées Reçues*, édition avec dossier présentée par Stéphanie Dord-Crouslé.

s'invalide dans un schématisme sclérosé et défaillant. Reliquat d'un positivisme réduit à des idées définitivement reçues, la "règle" se résume à une injonction aussi autoritaire qu'inopérante. L'impératif de réglementation — qui est aussi une régulation — est restitué, subi — l'impératif est catégorique et ne souffre aucune dérogation — et simultanément frappé d'inanité.

Aussi, par-delà le heurt stérile de la norme et de la monstruosité — du groupe et de la singularité —, par-delà le partage réducteur entre cadre et marginalité, par-delà le bien ou le mal d'un "simple" retournement pervers, donc, qui aboutit en fin de compte à la confirmation paradoxale de l'ordre par le contre-ordre ou de la règle par l'exception,[16] la puissance de contestation du récit flaubertien

---

[16] Il s'agit, bien sûr, d'une idée reçue figurant dans le *Dictionnaire*: "EXCEP-TION: Dites qu'elle 'confirme la règle'; ne vous risquez pas à expliquer comment."

Si "l'exception confirme la règle", c'est que son unicité lui interdit de la mettre en péril. Inversement, si l'on trouve une "exception à l'exception", l'exception se généralise et finalement s'assimile, l'homologation invalidant alors tout son potentiel de confirmation. Ou même d'infirmation. La récupération de l'exception lui dénie toute capacité explicative et/ou légitimante, toute valeur argumentative. On trouve ce processus dans *Bouvard et Pécuchet*. La manie axiomatique des bonshommes ne cesse de se heurter, invariablement, à des exceptions qui ne se soumettent pas à la régularisation. Ainsi lors de l'épisode de la botanique, lui-même inclus dans l'expérience pédagogique du chapitre X:

> [Pécuchet] écrivit cet axiome sur le tableau: "Toute plante a des feuilles, un calice, et une corolle enfermant un ovaire ou péricarpe qui contient la graine."
> Puis il ordonna à ses élèves d'herboriser au hasard dans la campagne.
> Victor en rapporta des boutons d'or, sorte de renoncule dont la fleur est jaune. Victorine une touffe de graminées; il y chercha vainement un péricarpe.
> Bouvard qui se méfiait de son savoir fouilla toute la bibliothèque et découvrit dans le Redouté des Dames, le dessin d'une rose; l'ovaire n'était pas situé dans la corolle, mais au-dessous des pétales.
> — "C'est une exception", dit Pécuchet.
> Ils trouvèrent X, rubiacée qui n'a pas de calice.
> Ainsi le principe posé par Pécuchet était faux.
> Il y avait dans leur jardin des tubéreuses, toutes sans calice. — "Une étourderie! La plupart des Liliacées en manquent."
> Mais un hasard fit qu'ils virent une shérarde (description de la plante) — et elle avait un calice.
> Allons, bon! si les exceptions elles-mêmes ne sont pas vraies, à qui se fier? (384-85).

réside-t-elle dans sa capacité de récupération et d'intégration d'un schéma assumé comme incontournable mais révélé comme fondamentalement aporétique. Ni pour, ni contre la loi, mais dans son vide intrinsèque, posture infiniment plus violente, peut-être, que l'exhibition licencieuse et la transgression sadiennes, parce que définitivement sans issue, irréversible. La violence flaubertienne est

---

On sait par la *Correspondance* que la recherche de cette "exception à l'exception" a tourmenté Flaubert. Peu avant sa mort, Flaubert sommait Maupassant de trouver "[s]on renseignement botanique" qu'un premier informateur s'était avéré incapable de fournir (voir la lettre du 2 mai 1880 à sa nièce Caroline. Œuvres complètes. Paris: Éditions du Club de l'Honnête Homme, tome XVI: 359, citée par Mitsumasa Wada, "La 'shérarde' ou la découverte d'une exception à l'exception dans l'épisode botanique de *Bouvard et Pécuchet* de Flaubert" (55-56): "Guy m'a envoyé mon renseignement botanique! J'avais raison! Enfoncé, M. Baudry! Je tiens mon renseignement du professeur de botanique du Jardin des plantes. Et j'avais raison parce que l'esthétique est le Vrai, et qu'à un certain degré intellectuel (quand on a de la méthode) on ne se trompe pas. [...] Ah! ah! je triomphe! Ça, c'est un succès! et qui me flatte."):

> Les anémones (dans la famille des renonculacées) sans calice, très bien. Mais pourquoi Jean-Jacques Rousseau (dans sa botanique) a-t-il dit: "la plupart" des liliacées en manquent? Ce "la plupart" signifie que certaines liliacées en manquent! Ledit Rousseau n'étant pas savant, mais observateur "de la Nature", il s'est peut-être trompé. Mais pourquoi et comment? Bref, il me faut une exception à la règle. Je l'ai déjà dit avec certaines renonculacées; mais 2° il me *faut une exception à l'exception*, malice qui m'est suggérée par le "la plupart" du citoyen de Genève. (Lettre à Guy de Maupassant du 25 avril 1880; *Œuvres complètes*. Paris: Éditions du Club de l'Honnête Homme, tome XVI: 357, citée par Claude Mouchard et Jacques Neefs, *Flaubert*. Paris: Balland, 1986: 114-15).

Si le "triomphe" que constitue la découverte de la shérarde doit être nuancé par le statut effectif de la plante (Mitsumasa Wada rappelle que la shérarde, qui appartient à la catégorie des rubiacées, ne peut constituer cette "exception à l'exception" tant convoitée et montre, en s'appuyant sur les brouillons rédactionnels de *Bouvard*, qu'il convient de séparer l'épisode botanique en deux: "Premièrement, on rencontre des plantes, soit rubiacées soit liliacées, qui sont en contradiction avec le principe posé par Pécuchet. Deuxièmement, on découvre une exception à l'exception.": 70), je soulignerai pour ma part le caractère impérieux de la requête ("il me faut une exception à la règle", "il me faut une exception à l'exception") et la volonté flaubertienne de mettre à mal toute forme de prévision: celle de la règle, bien sûr, mais aussi celle de l'exception, susceptible de renforcer, dans son unicité marginale, la règle à laquelle elle déroge. La démarche flaubertienne opère ainsi un "tour supplémentaire" par rapport au renversement pervers: le retour à la règle est la condition de sa dislocation.

dans le gouffre sémantique qu'elle explore au cœur même de la loi, baudruche crevée par l'apathie hermétique du réel.

La butée légaliste du texte sadien s'effriterait alors dans l'inconsistance flaubertienne. Inconsistance que l'on retrouve dans les représentations romanesques de la sexualité.[17] Au chapitre III de *Bouvard et Pécuchet*, l'expérience médicale sert d'alibi à la représentation d'un acte sexuel raté:

> Des savants prétendent que la chaleur animale se développe par les contractions musculaires, et qu'il est possible en agitant le thorax et les membres pelviens de hausser la température d'un bain tiède.
>
> Bouvard alla chercher leur baignoire — et quand tout fut prêt, il s'y plongea, muni d'un thermomètre. [...]
>
> Cependant Bouvard sentait un peu de fraîcheur.
>
> — "Agite tes membres!" dit Pécuchet.
>
> Il les agita, sans rien changer au thermomètre; — "c'est froid, décidément."
>
> — "Je n'ai pas chaud, non plus" reprit Pécuchet, saisi lui-même par un frisson "mais agite tes membres pelviens! agite-les!"
>
> Bouvard ouvrit les cuisses, se tordait les flancs, balançait son ventre, soufflait comme un cachalot; — puis regardait le thermomètre, qui baissait toujours. — "Je n'y comprends rien! Je me remue, pourtant!"
>
> — "Pas assez!"
>
> Et il reprenait sa gymnastique.

---

[17] Je tiens toutefois à moduler mon propos d'une réserve concernant *Les Cent vingt Journées de Sodome*. Ce roman inachevé, et dont le manuscrit connut un rocambolesque destin, pourrait, à travers la scatologie généralisée, présenter quelque chose de l'ordre de "l'exception à l'exception" — la "perversion d'une perversion" — qui rapprocherait Sade de Flaubert. Voir à ce propos l'étude que propose Sandrine Israël-Jost, *Casuistique de Sade: Sade décline ses cas*, <http://www.parlement-des-philosophes.org/casuistique_sade.pdf>, qui offre une approche sensiblement différente de celle de Gilbert Lely de la nécessité narrative de la "coprolagnie" (voir la Préface à l'édition "10/18" des *Cent vingt Journées de Sodome*: 10-11). En fait — et quitte à reconsidérer l'ensemble de ma proposition — peut-être faudrait-il voir dans *Les Cent vingt Journées de Sodome* le point de contact entre Sade et Flaubert. Si l'on réévalue, à la suite d'Annie Le Brun (voir en particulier *Soudain un bloc d'abîme, Sade*), le statut, l'importance et jusqu'à l'incomplétude même de ce roman liminaire, force est de constater que les deux postures ne sont plus si distantes... peut-être faudrait-il également relire *La Présentation de Sacher-Masoch* — et l'opposition que Deleuze établit entre Sade et Sacher-Masoch — de ce point de vue là.

Elle avait duré trois heures, quand une fois encore il empoigna le tube.
— "Comment! douze degrés! — Ah! bonsoir! je me retire!" (124-25)

Il est difficile de voir, dans la tentative désespérée de Bouvard pour "hausser la température", autre chose qu'un pitoyable et parodique coït. Le passage, qui multiplie les termes à forte connotation sexuelle ("pelvien", "membre", "cuisses", "empoigna le tube", "je me retire"), joue sur la polysémie qui autorise une lecture à la limite de la décence. Les déhanchements de Bouvard ("Bouvard ouvrit les cuisses, se tordait les flancs, balançait son ventre, soufflait comme un cachalot") aussi grotesques que vains ("le thermomètre [...] baissait toujours") suggèrent un ridicule accouplement. Ou pire — pire dans l'ordre des convenances et de la morale chrétienne —, une ridicule sodomie[18] si l'on songe au rôle tout à fait ambigu que peut assumer le "thermomètre". Car si la mise en scène de la sexualité est inconvenante — la sexualité est *a priori* irreprésentable, obscène, c'est-à-dire hors de la sphère de représentation sociale ou socialement admise, nul besoin pour cela que les actes montrés soient particulièrement vulgaires, crus ou scabreux —, celle de la sodomie est, nous l'avons vu précédemment chez Sade, insoutenable: antithèse parfaite — retournement pervers — de l'acte de copulation fécondant, l'acte sodomite est inadmissible parce que stérile et potentiellement destructeur du genre humain. Parodié, ridiculisé, il n'en reste pas moins socialement et moralement offensif. On frôle la pornographie — certes convenue dans ses représentations mais pornographie tout de même — avec le "frisson" qui s'empare de Pécuchet, l'opposition chaud-froid ("chaleur animale", "hausser la température", "bain tiède", "froid", "frisson") déployée tout au long du passage confirmant cette lecture.

Ce n'est pourtant pas une logique transgressive qui organise la scène: la motivation expérimentale cautionne la pratique des

---

[18] Ou d'une sodomie manquée, puisque le substitut phallique s'abaisse lamentablement ("le thermomètre, qui baissait toujours"). L'homosexualité supputée de Bouvard et Pécuchet est, comme le "sadisme flaubertien", un serpent de mer de la critique: coup de foudre amoureux de la rencontre, complémentarité androgyne des bonshommes, chambre commune ou plutôt chambres communicantes par la brèche ouverte de la porte "béante", etc., autant d'éléments glosés dans le sens d'une homosexualité latente. La suspicion de sodomie s'intègrerait parfaitement au paradigme de l'homosexualité.

bonshommes — aussi étrange, cocasse ou indécente qu'elle soit — et garantit la recevabilité de l'énoncé. La logique à l'œuvre est plus retorse: l'outrance[19] s'articule à la légitimité et, sans rien dissimuler de l'équivoque sexuelle, le récit ne déroge jamais — ou si peu — à la bienséance. On est bien loin des débordements sadiens et de la sexualité dérangeante de ses héros. Chez Flaubert, le cadre des convenances est à la fois maintenu et saturé: surdéterminé et implosif.[20]

Ainsi, au chapitre IX, la jouissive séance d'auto-flagellation que s'inflige Pécuchet:

> Un jour, Bouvard qui rattachait la vigne, posa une échelle contre le mur de la terrasse près de la maison — et sans le vouloir, se trouva plonger dans la chambre de Pécuchet.
>
> Son ami, nu jusqu'au ventre, avec le martinet aux habits, se frappait les épaules doucement, puis s'animant, retira sa culotte, cingla ses fesses, et tomba sur une chaise, hors d'haleine.
>
> Bouvard fut troublé comme à la découverte d'un mystère, qu'on ne doit pas surprendre. (330)

L'obscénité ordinaire du passage — obscénité double et sacrilège puisqu'elle dévoile en même temps un "mystère" et une pratique masturbatoire — est soulignée par l'attitude ambiguë de Bouvard: témoin involontaire, voyeur "sans le vouloir" mais fasciné ("Bouvard fut troublé"), Bouvard pénètre ("plonge dans") clandestinement une intimité dont il est exclu, frustré ("la découverte d'un mystère, qu'on ne doit pas surprendre"). Rituel religieux et pratique auto-érotique se confondent alors dans un récit mimétique de la montée orgasmique: la

---

[19] On pense également aux "syphilides" de Pécuchet, aux séances "d'hydrothérapie" censées calmer les ardeurs amoureuses des compères et qui évoquent les douches administrées aux hystériques ou encore au masochisme troublant des flagellations de Pécuchet.

[20] La célèbre "scène du fiacre" de *Madame Bovary* me semble relever de la même logique narrative. L'avocat impérial Pinard ne s'y était d'ailleurs pas trompé, qui mentionnait la "lascivité" du passage. On rappellera également que la scène fut supprimée lors de la première publication du roman dans la *Revue de Paris*, et ce bien que Flaubert fût convaincu que la coupure effectuée — coupure qui intervenait après la montée des personnages à l'intérieur de la voiture — était absolument inefficace car trop tardive: pour que la censure fût satisfaite, il eût fallu couper "avant", écrivit-il à son éditeur pour tenter de le dissuader de cette suppression.

mortification initiale — la flagellation mesurée ("se frappait les épaules doucement") — cède rapidement le pas à une vigoureuse fessée ("puis s'animant, retira sa culotte, cingla ses fesses") conclue dans l'épuisement extatique ("tomba sur une chaise, hors d'haleine"). Mais là encore, la stratégie narrative est davantage celle d'un insidieux détournement que d'une réversion transgressive. Le blasphème en est peut-être renforcé, dans l'effacement de la ligne de partage entre admissible et interdit.

C'est un procédé de déplacement comparable que l'on retrouve au chapitre X, où la représentation de l'excitation sexuelle de Bouvard est détournée dans une scène de copulation animalière:

> Les draps, autour d'eux, les enfermaient comme les rideaux d'un lit.
>
> [Bouvard] se pencha sur le coude, lui frôlant les genoux de sa figure.
>
> — "Pourquoi? hein? pourquoi?" et comme [Mme Bordin] se taisait, et qu'il était dans un état où les serments ne coûtent rien, il tâcha de se justifier, s'accusa de folie, d'orgueil: — "Pardon! ce sera comme autrefois!... voulez-vous?..." et il avait pris sa main, qu'elle laissait dans la sienne.
>
> Un coup de vent brusque fit se relever les draps — et ils virent deux paons, un mâle et une femelle. La femelle se tenait immobile, les jarrets pliés, la croupe en l'air. Le mâle se promenant autour d'elle arrondissait sa queue en éventail, se rengorgeait, gloussait, puis sauta dessus, en rabattant ses plumes, qui la couvrirent comme un berceau; — et les deux grands oiseaux tremblèrent, d'un seul frémissement.
>
> Bouvard le sentit dans la paume de Mme Bordin. (387)

Le "frémissement" des paons transmis aux personnages ("Bouvard le sentit dans la paume de Mme Bordin") autorise une lecture grossièrement métonymique: l'accouplement des paons comme traduction grotesque — représentation dégradée par le prosaïsme vulgaire de la posture, la femelle "jarrets pliés", "croupe en l'air" et le mâle qui "glousse" en lui "saut[ant] dessus" — de la pulsion sexuelle que les deux personnages ne pourront assouvir. L'écho entre les "rideaux" du lit de la lessive fraîchement étendue et le "berceau" des ailes renforce le parallélisme entre les deux situations. Le sentiment de frustration, aussi, puisque Bouvard et Mme Bordin ne consommeront jamais un hymen projeté, repoussé et finalement annulé: "vous avez manqué le coche, mon cher!" (386) souligne Mme Bordin, déçue. Pas sûr d'ailleurs qu'il s'agisse d'un coche matrimonial si l'on se fie aux rougeurs, chaleurs, moiteurs ("elle s'empourpra", "en s'éventant avec son mouchoir", "les prunelles"; 386) qu'elle semble souffrir avec une certaine délectation ("elle le considéra de haut en bas, longtemps, — puis, souriante et les prunelles humides" 386). La seule sexualité représentée sera pourtant celle de la volaille dans une cour de ferme, représentation nettement plus acceptable dans le cadre champêtre de Chavignolles.[21]

Le texte flaubertien, dans sa plasticité — son défaut de consistance — offre donc nettement moins de prise aux censeurs que les débauches langagières de Sade. Et c'est cette malléabilité même qui le rend périlleux. Le dispositif de contournement "efface" l'impératif doxique — au sens où l'on efface un obstacle: il parvient à l'intégrer à son fonctionnement tout en l'oblitérant.

Le récit, constamment déceptif, nous donne ainsi à lire une double impossibilité: l'impossibilité de la loi, frappée d'inanité, partant inviolable, et, en conséquence, l'impossibilité de son évitement. L'alternative sadienne du "hors la loi" s'effondre dans la vacuité du système. En effet, aussi choquante et cruelle qu'elle puisse paraître, la proposition sadienne reste une alternative, une contre-proposition, une "solution" destinée à se substituer à une organisation jugée défaillante. Il y a un renversement de la loi et un dépassement "vers un plus haut principe, mais ce principe n'est [pas] un Bien qui la fonde; c'est au contraire l'Idée d'un Mal, Être suprême en méchanceté, qui la renverse" (Deleuze 76).

Flaubert, en revanche, n'offre guère que l'exhibition d'un fiasco irrémédiable, d'une frustration généralisée. Art du détour accablant — accablant de lucidité — donnant à entendre des réalités "indisables",[22] l'écriture flaubertienne procède "obliquement, par approfondissement

---

[21] Comme sont plus acceptables les jeux de mots douteux et les doubles-sens grivois de *Madame Bovary*. Charles frôlant Emma "courbée sous lui" et "lui tendant son nerf de bœuf" ou Emma "débit[ant] des chatteries" à Léon sont autant de moyens détournés de dire la sexualité en déplaçant l'objet de la représentation.

[22] Le mot est de Flaubert lui-même. Voir la lettre à Louise Colet du 20 mars 1847 (*Correspondance*, tome I 447). Sur ce point, on pourra consulter l'ouvrage de Philippe Dufour.

des conséquences" et jusqu'à une "démonstration d'absurdité" (Deleuze 76)[23] qui n'offre aucune échappatoire.

Prix extrême à payer pour accéder, peut-être, au plaisir.[24] C'est en tout cas ainsi que Deleuze définit le masochiste: "c'est à force d'observer la loi, d'épouser la loi, qu'[il] goûtera quelque chose d[es] plaisirs qu'elle [lui] interdit. [...] Le masochiste doit subir la punition avant d'éprouver le plaisir. Il serait fâcheux de confondre cette succession temporelle avec une causalité logique: la souffrance n'est pas cause de plaisir, mais condition préalable indispensable à la venue du plaisir" (Deleuze 78). Un plaisir esthétique que le lecteur flaubertien ne pourra éprouver qu'une fois surmontée la violence de la révélation textuelle et endurée sa souffrance.

---

[23] L'analyse de Deleuze concerne "l'humour" de Sacher-Masoch, qu'il oppose à "l'ironie" de Sade: "nous appelons humour, non plus le mouvement qui remonte de la loi vers un plus haut principe [et qui constitue le mouvement ironique], mais celui qui descend de la loi vers ses conséquences. Nous connaissons tous des manières de tourner la loi par excès de zèle: c'est par une scrupuleuse application qu'on prétend alors en montrer l'absurdité, et en attendre précisément ce désordre qu'elle est censée interdire et conjurer. On prend la loi au mot, à la lettre; on ne conteste pas son caractère ultime ou premier [...]. La loi n'est plus renversée ironiquement, par remontée vers un principe, mais tournée humoristiquement, obliquement, par approfondissement des conséquences. [...] Voilà le masochiste insolent par obséquiosité, révolté par soumission: bref, l'humoriste, le logicien des conséquences, comme l'ironiste sadique était le logicien des principes" (77-79). Les propositions de Deleuze me semblent, dans une certaine mesure, transposables à Flaubert.

[24] Ou à la jouissance barthesienne, si l'on préfère une autre terminologie. Voir *Le Plaisir du texte*.

Ouvrages cités

Barthes, Roland. *Sade, Fourier, Loyola.* Points Essais. Paris: Seuil, 1971.

_____. *Le Plaisir du texte.* Points Essais. Paris: Seuil, 1973.

Bataille, Georges. *L'Érotisme.* 1957. 10/18. Paris: UGE, 1965.

Bem, Jeanne. "Sade, Flaubert, Emma". *L'Allemagne et la France des Lumières. Mélanges offerts à Jochen Schlobach par ses élèves et amis.* Éd. Michel Delon et Jean Mondot. Paris: Champion, 2003. 391-400.

Berthelot, Sandrine. "L'influence de Sade". *L'Esthétique de la dérision dans les romans de la période réaliste en France (1850-1870). Genèse, épanouissement et sens du grotesque.* Romantisme et Modernité. Paris: Champion, 2004. 564-75.

Blaise, Marie. "La musique et la cruauté: *Euphonia* d'Hector Berlioz". *Lieux Littéraires/La Revue* 6 (2004): 227-50.

Blanchot, Maurice. *L'inconvenance majeure.* Libertés nouvelles. Paris: Jean-Jacques Pauvert éditeur, 1965.

Crouzet, Michel. "Sur le grotesque triste dans *Bouvard et Pécuchet*". *Flaubert et le Comble de l'Art. Nouvelles recherches sur* Bouvard et Pécuchet. Paris: Société des études romantiques, CDU et SEDES, 1981. 49-74.

Deleuze, Gilles. *Présentation de Sacher-Masoch.* Arguments. Paris: Les Éditions de Minuit, 1967.

Duchet, Claude. "L'image de Sade à l'époque romantique". *Le Marquis de Sade, Colloque d'Aix.* Paris: Armand Colin, 1968. 219-40.

Dufour, Philippe. *Flaubert ou la prose du silence.* Paris: Nathan, 1997.

Flaubert, Gustave. *Bouvard et Pécuchet.* 1881. Éd. Claudine Gothot-Mersch. Folio Classique. Paris: Gallimard, 1979.

_____. *Bouvard et Pécuchet. Dictionnaire des Idées Reçues.* 1881. Éd. Stéphanie Dord-Crouslé. Paris: Flammarion, 1999.

_____. *Correspondance.* Éd. Jean Bruneau. Folio Classique. Paris: Gallimard, 1975, 1980, 1991, 1998.

_____. *Correspondance.* Éd. Jean Bruneau. Bibliothèque de la Pléiade. 4 vol. Paris. Gallimard, 1973-98.

_____. *Correspondance. Œuvres complètes de Gustave Flaubert.* Paris: Louis Conard, 1926-33 (pour les années 1876-80, vol. VII-IX).

_____. *Madame Bovary.* 1857. Éd. Jacques Neefs. Classiques de Poche, Le Livre de Poche. Paris: Librairie Générale Française, 1999.

_____. *Œuvres de Jeunesse, Œuvres complètes,* I. Éd. Claudine Gothot-Mersch et Guy Sagnes. Bibliothèque de la Pléiade. Paris: Gallimard, 2001.

_____. *Salammbô*. 1862. Éd. Gisèle Séginger. Garnier-Flammarion. Paris: Flammarion, 2001.

_____. *Trois Contes*. 1877. Éd. Pierre-Marc de Biasi. Garnier-Flammarion. Paris: Flammarion, 1986.

_____. *Trois Contes*. 1877. Éd. Pierre-Marc de Biasi. Classiques de Poche, Le Livre de Poche. Paris: Librairie Générale Française, 1999.

Goncourt, Edmond et Jules (de). *Journal*. Éd. Robert Ricatte. Bouquins. I. Paris: Robert Laffont, 1989.

Israël-Jost, Sandrine. *Casuistique de Sade: Sade décline ses cas*. Mars 2008. <http://www.parlement-des-philosophes.org/casuistique_sade.html>.

Lacan, Jacques. "Kant avec Sade", 1962-63. *Écrits*, 1966. *Écrits, II*. Points Essais. Paris: Seuil, 1971, 1999. 119-48.

Le Brun, Annie. *Les châteaux de la subversion*. Folio Essais. Paris: Jean-Jacques Pauvert aux Éditions Garnier Frères, 1986.

_____. *Soudain un bloc d'abîme, Sade*. Folio Essais. Paris: Gallimard, 1986.

_____. *Sade, aller et détours*. Paris: Plon, 1989.

Leclerc, Yvan. *La Spirale et le Monument. Essai sur* Bouvard et Pécuchet *de Gustave Flaubert*. Présences critiques. Paris: SEDES, 1988.

Masson, Bernard. "Écrire le vitrail: *La Légende de Saint Julien l'Hospitalier*". *Lectures de l'imaginaire*. Paris: PUF, 1996. 116-30.

Neefs, Jacques, et Claude Mouchard. *Flaubert*. Paris: Balland, 1986.

Ost, François. *Sade et la loi*. Paris: Odile Jacob, 2005.

Sade. *Œuvres*. Éd. Michel Delon. Bibliothèque de la Pléiade. I-III. Paris: Gallimard, 1990-98.

_____. *Les Cent vingt journées de Sodome*. 10/18. Paris: UGE, 1975.

Séginger, Gisèle. *Flaubert. Une poétique de l'histoire*. Strasbourg: Presses Universitaires de Strasbourg, 2000.

_____. "La Tunisie dans l'imaginaire politique de Flaubert". *Nineteenth-Century French Studies 32*, 1 & 2 (2003-04): 41-57, <http://muse.jhu.edu/journals/nineteenth_century_french_studies/v032/32.1seginger.html>

Wada, Mitsumasa. "La 'shérarde' ou la découverte d'une exception à l'exception dans l'épisode botanique de *Bouvard et Pécuchet* de Flaubert". *Études de langue et littérature françaises de l'université de Seinan-Gakuin* (Japon) 38 (1999): 55-74.

Esther N. Marion

SUNY Brockport

The Narrator-Perpetrator and the Infectious Crime Scene: Emmanuel Carrère's *L'Adversaire*

Emmanuel Carrère, in the process of chronicling the story of the mur-
derer Jean-Claude Romand, found it difficult to arrive at an appropriate
construction of his role as author-narrator. In claiming that his text
could only be described as a crime or a prayer, Carrère adds an ethical
stake to his experience and to that of his readers. While upholding the
traditional notion of criminality, he problematizes the criminal's identity by representing it as entirely dependent on the dynamics of the
narrator-narratee relation.

In 1993, Jean-Claude Romand murdered his wife, two children,
and parents. In addition, he attempted to murder his girlfriend, burned
his house down in a suicide attempt, and was implicated in the deaths
of two of his in-laws. The well-to-do community of Gex in the French
Jura was shocked by these brutal murders, which were apparently
committed by a high-profile researcher at the World Health Organization. The shock and fascination of the *affaire Romand* rapidly spread
to a national level when it was revealed that Jean-Claude Romand
never worked for the WHO and did not even complete medical school.
For eighteen years, his life was a carefully scripted and executed
fiction in which his family and friends unknowingly participated.
Investigators quickly assumed that the lies and murders covered a second, double life of crime and deceit. This was not the case: Jean-
Claude Romand was unemployed his entire life and defrauded his
friends and family of their life savings, while assuring them that he

was investing their money at a lucrative, guaranteed 18% interest rate in Switzerland. In reality, his life consisted of empty days spent simply driving, sitting in rest areas along the highway, or walking in the woods.

It is this blank life without witnesses that drew author Emmanuel Carrère to write *L'Adversaire.*[1] Halfway between fiction and documentary, *L'Adversaire* has been described by critics as a twenty-first-century version of Truman Capote's *In Cold Blood.* In addition to attending the trial and following every step of the case, Carrère met with Romand, and they corresponded by mail. Carrère's account includes passages describing the moments when he realized he could not, in fact, tell the story. No more able than Romand himself to assume a narrative "I" in the moral void that remained inscrutable to both of them, Carrère also failed to find his relation to Romand's life. He abandoned the project.

At issue here is the construction of the precarious place of the author-narrator through the experience of witnessing, reporting, and writing Jean-Claude Romand's story. While recognizing the monstrosity and the depravity of Romand's crimes, Carrère enters into his world as both narrator and narratee at the risk of finding himself at the mercy of the same emptiness. Also under scrutiny here is the potentially insidious and criminal role of the Other, both as narrator and narratee. At the end of *L'Adversaire*, Carrère's statement that his text could only be described as a crime or a prayer interjects an ethical stake with which both he and his readers must contend, for this stake is at the core of the narrative. Carrère does not blur the limits of criminality, but he does obscure the criminal's identity by representing it as entirely dependent on the narrator-narratee relation. In the process, all of the characters and even the readers become accomplices who must share in the guilt.

In "Disaster of Disguise: Emmanuel Carrère's Counterfeiters," Gary Indiana claims that "what Carrère wants to know, perhaps only vaguely suspecting as much, isn't what occurred in Romand's mind when he was, every day, absent from his own life, but when, and why, he ceased to be human" (3). Despite the title of the work, *L'Adver-*

---

[1] A bestseller, Carrère's *L'Adversaire* inspired two films: Laurent Cantet's *L'Emploi du temps* (2001) and Nicole García's *L'Adversaire* (2002).

saire does not, as Indiana claims, portray Jean-Claude Romand as inhuman.[2] Carrère clearly identifies the point of departure and fascination of his project:

> Une fois décidé, ce qui s'est fait très vite, d'écrire sur l'affaire Romand, j'ai pensé filer sur place. M'installer dans un hôtel de Ferney-Voltaire, jouer le reporter fouineur et qui s'incruste. Mais je me voyais mal coinçant mon pied dans les portes que des familles endeuillées voudraient me refermer au nez, […]. Surtout, je me suis rendu compte que ce n'était pas cela qui m'intéressait. L'enquête que j'aurais pu mener pour mon compte, l'instruction dont j'aurais pu essayer d'assouplir le secret n'allaient mettre au jour que des faits. Le détail des malversations financières de Romand, la façon dont au fil des ans s'était mise en place sa double vie, le rôle qu'y avait tenu tel ou tel, tout cela, que j'apprendrais en temps utile, ne m'apprendrait pas ce que je voulais vraiment savoir: ce qui se passait dans sa tête durant ces journées qu'il était supposé passer au bureau; qu'il ne passait pas, comme on l'a d'abord cru, à trafiquer des armes ou des secrets industriels; qu'il passait, croyait-on maintenant, à marcher dans les bois. (Je me rappelle cette phrase, la dernière d'un article de *Libération*, qui m'a définitivement accroché: "Et il allait se perdre, seul, dans les forêts du Jura").
>
> Cette question qui me poussait à entreprendre un livre, ni les témoins, ni le juge d'instruction, ni les experts psychiatres ne pourraient y répondre, mais soit Romand lui-même, puisqu'il était en vie, soit personne. (34-35)

Indiana wonders, "What if modern life is constructed to support the flimsiest impersonation of the real, in order to further undermine and devalue the authentic?" (3) He does not, however, examine possible responses to this question, or even define his use of "the real" and "the authentic." It is an authentic emptiness which intrigues Carrère, authentic in the sense of unmasked, yet intermittently covered by a flimsy veil in order to exist and be seen. The enigma at the heart of his text is not the nature of this blank, but rather how the veil is mutually

---

[2] The court artist says of Romand, "'On croit que c'est un homme qu'on a devant nous, mais en fait ça n'est plus un homme. C'est comme un trou noir, et vous allez voir, ça va nous sauter à la gueule. Les gens ne savent pas ce que c'est, la folie. C'est terrible. C'est ce qu'il y a de plus terrible au monde.' Je hochais la tête. Je pensais à *La classe de neige*, qu'il m'avait dit d'être le récit exact de son enfance. Je pensais au grand vide blanc qui s'était petit à petit creusé à l'intérieur de lui jusqu'à ce qu'il ne reste plus que cette apparence d'homme en noir, ce gouffre d'où s'échappait le courant d'air glacial qui hérissait l'échine du vieux dessinateur" (*L'Adversaire*, 56-57).

woven and implicates both the bearer of and the witness to this emptiness. The metaphoric veil is therefore not opposed to the real, but
rather is what in Lacanian terms is considered the screen — which is
represented in the text as a problem of perception and put forth as a
shared, mutually determining experience rather than a hierarchical one
of a subject/object relation, of a controlled, grasping vision.

The notion of a double life implies two faces, but Jean-Claude
Romand passed his days killing time, simply waiting to return to his
family and friends and enact his role as the happy husband and father,
community leader, and successful medical researcher:

> Quand il faisait son entrée sur la scène domestique de sa vie, chacun pensait
> qu'il venait d'une autre scène où il tenait un autre rôle, celui de l'important
> qui court le monde, fréquente les ministres, dîne sous des lambris officiels,
> et qu'il le reprendrait en sortant. Mais il n'y avait pas d'autre scène, pas
> d'autre public devant qui jouer l'autre rôle. Dehors, il se retrouvait nu. Il
> retournait à l'absence, au vide, au blanc, qui n'étaient pas un accident de
> parcours mais l'unique expérience de sa vie. Il n'en a jamais connu d'autre,
> je crois, même avant la bifurcation. (101)

Romand's family and friends were unknowingly complicit in his
deception, both audience, assistant directors, and supporting actors.
During the trial, the judge was astonished at the duration of Romand's
precarious theater:

> [...] travailler pendant dix ans sans que jamais votre femme ni vos amis
> vous appellent au bureau, cela n'existe pas. Il est impossible de penser à
> cette histoire sans se dire qu'il y a là un mystère et une explication cachée.
> Mais le mystère, c'est qu'il n'y a pas d'explication et que, si invraisem-
> blable que cela paraisse, cela s'est passé ainsi. (94)

When Romand takes a lover — a prominent child psychologist at that,
who is estranged from her husband, a psychiatrist — he is, according
to Carrère, no longer alone in his world, "celui où il avait toujours été
seul, où pour la première fois il existait sous le regard de quelqu'un"
(118). Yet this gaze is largely imaginary: he occupies his time dream-
ing of telling his lover Corinne the truth and being consoled and com-
forted by her. All the while he defrauds her, a single mother of two
young children, of her life savings. When he is alone with her, he has
the opportunity to play the part of the successful doctor, about which

he is so discreet with his friends and family, garnering their admiration for his modesty rather than raising their suspicions. Corinne wants to hear all about his work and so Romand finally has the opportunity to thoughtlessly and recklessly play the prominent doctor because he will never have to make good on his lies to someone outside of his daily life and circle (Romand begins the affair after Corinne has separated from her husband and moved to Paris), and he invents such details as a close friendship with the director of *Médecins Sans Frontières*. He even takes her to a medical conference in Russia, where they have their first quarrel, because he does not introduce her to his colleagues, since they are not actually his colleagues. When he attempts to murder her after he has brutally massacred his entire immediate family, she does not recognize his unprecedented outburst of violence as homicidal. She attributes it to a stress-induced breakdown, and rather than reporting his assault to the police, she accepts his promise to seek psychological help.

Romand's best friend, Luc Ladmiral, is in many ways a double of Romand: they met in medical school, live in the same upper-middle-class town, have families, and are godfathers to each other's children. Luc is one of Romand's biggest supporters and confidantes — although Romand's anguished confidences are false ones which cover the one fabrication at the heart of his rather mundane existence, one he could have been more easily actually living than feigning, if accounts of his stellar, well-honed knowledge in group medical school study sessions are true. Luc promotes his dear friend's successes and keeps his deepest secrets, such as Romand's confession that he suffers from lymphoma. Unbeknownst to Luc, it is a false confession, and Romand invents a relapse in order to conceal his affair with Corinne from his wife Florence. Luc's reaction to the horror of his friend's murders — which could have very easily extended to his own family — touch the main problematic of *L'Adversaire* in an unmistakable echo of Pirandello:

> L'idée a traversé Luc, elle devait le hanter par la suite, que dans ce rêve Jean-Claude faisait office de double et qu'il s'y faisait jour des peurs qu'il éprouvait à son propre sujet: peur de perdre les siens mais aussi de se perdre lui-même, de découvrir que derrière la façade sociale il n'était rien. (16)

This reaction culminates in his testimony at Romand's trial:

> Le souci de construire, pour l'énoncer à la barre, un récit complet et cohé-
> rent lui a fait petit à petit relire sa vie entière à la lumière de cette amitié qui
> s'était engloutie dans un gouffre et avait failli engloutir avec elle tout ce à
> quoi il croyait. Son témoignage a été mal perçu et il en a souffert. Sur les
> bancs de presse, on en venait à plaindre l'accusé d'avoir eu pour meilleur
> ami ce type content de soi, imbu de morale étroite. J'ai compris qu'il avait
> bûché comme pour un oral d'examen et que cet examen était le plus impor-
> tant de sa vie. C'est elle qu'il venait justifier. Il y avait de quoi raidir la
> nuque. (187-88)

This dependence on the mirror of the other to establish self-identity is
pathological in Romand's case, but Luc cannot help but wonder if he,
too, isn't to some extent living a lie that has been validated by going
unnoticed amid the humdrum appearances of everyday life. His life is
suddenly as precarious as Jean-Claude's, and he fights tooth and nail,
as his friend did, to maintain its pristine integrity.

Once Romand is in prison, it takes him some time to adjust, since
he literally destroyed the people on which his identity was based. The
psychiatrists initially in charge of examining him

> avaient l'impression troublante de se trouver devant un robot privé de toute
> capacité de ressentir, mais programmé pour analyser des stimuli extérieurs
> et y ajuster ses réactions. Habitué à fonctionner selon le programme "doc-
> teur Romand," il lui avait fallu un temps d'adaptation pour établir un nou-
> veau programme, "Romand l'assassin," et apprendre à le faire tourner. (181)

This new "identity software" is configured by and runs on the interaction with others — in the case of Romand, these others are a former
teacher of one of his children with whom he has a brief affair in
prison, and Christian prison visitors. In prison, Jean-Claude becomes
the model inmate and repentant sinner on the path to redemption, win-
ning praise for his devotion and the eloquent expression of his personal journey to peace and light. The latter role is enabled by the
prison visitors, and by one in particular, who introduces Romand to a
friend of hers, Bernard, a Buchenwald survivor who in turn becomes
close friends with Romand. Initially, Romand shocks the psychiatrists
with behavior suited to his previous role as the well-established doctor
and prestigious researcher: in the wake of his massacres, he is calm,
logical and fully attentive to his listeners in keeping with his ideal of
always giving an impeccably positive impression of himself and

catering to his listeners. In such a moment, however, an emotional breakdown would have been the only well-received response. Another team of psychiatrists meets with Romand and concludes:

> [...] le roman narcissique se poursuit en prison, ce qui permet à son protago-
> niste d'éviter une fois de plus la dépression massive avec laquelle il a joué à
> cache-cache toute sa vie. [...] Il lui sera à tout jamais impossible, conclut le
> rapport, d'être perçu comme authentique et lui-même a peur de ne jamais
> savoir s'il l'est. Avant on croyait tout ce qu'il disait, maintenant on ne croit
> plus rien et lui-même ne sait que croire, car il n'a pas accès à sa propre
> vérité mais la reconstitue à l'aide des interprétations que lui tendent les psy-
> chiatres, le juge, les médias. [...] On peut seulement souhaiter qu'il accède,
> même au prix d'une dépression mélancolique dont le risque reste sérieux, à
> des défenses moins systématiques, à davantage d'ambivalence et d'authen-
> ticité. (184-85)

Carrère, the narrator-author, grapples with his role in relation to Romand. He is initially intrigued and finds Romand responding to him most acquiescently, empathetically understanding his malaise, and comparing himself to one of Carrère's characters in *La classe de neige*. On the advice of his lawyer, Romand did not reply to Carrère's initial letter for two years, and the lawyer would not even confirm that he had given the letter to Romand. During this time, Carrère decided to write a novel based on the case, but he was soon stuck and gave up on it. His next project was *La classe de neige*, a novel about a young boy's angst-ridden school trip that focuses on the youngster's fears, imaginings, and perceptions. The mood of the novel is dominated by fear and horror, and these emotions turn out not to be just childhood anxieties. The boy's father is responsible for the murder of a child which occurred near the winter lodge. Carrère thought that with this book, he had satisfied his fascination with the Romand case, and ended "ce genre d'obsessions" (38). After an interval of two years, Romand replies to Carrère's initial letter, and he is drawn back. *La classe de neige* touched Romand, and not because of the specter of a murderous father in the young protagonist's life. Romand claims that the fictional story of the little boy in *La classe de neige* is the exact story of Romand's own childhood. Carrère sees himself fall prey to complicity with Romand's view of himself as a victim and even feels guilty over the imbalance in their life situations, over the freedom he enjoys from not being imprisoned. Carrère explains:

Je me rends compte avec le recul que je l'ai tout de suite caressé dans le sens du poil en adoptant cette gravité compassée et compassionnelle et en le voyant non comme quelqu'un qui a fait quelque chose d'épouvantable mais comme quelqu'un à qui quelque chose d'épouvantable est arrivé, le jouet infortuné de forces démoniaques. (41)

Carrère is to a certain extent at the mercy of his subject, Jean-Claude Romand — a subject which is at once external and internal to him, both a man and a self-created construct. Romand the interlocutor exerts a certain fascination over Carrère, and this activates a "genre d'obsessions" (38), a dark, internal space which Carrère does not have in his grip and which he is unable to oversee and survey from a distance. Carrère thus finds himself in a dual space, one of obsession and one that ties to Romand through the veil effect. Here we may think of the Lacanian *vel* structure of two overlapping circles whose shared space is blind, a mediating space which may increase or decrease, depending on shifts between the circles. In his *Four Fundamental Concepts of Psychoanalysis*, Lacan illustrates the double bind of this structure with an example, given by one of his students, that is particularly apt for Carrère and Romand's story: "Your money or your life!" We can picture each of these terms represented as one of the two overlapping circles. If we choose money, we lose both; if we choose life, we lead a life deprived of something. Lacan gives this example to illustrate the relation between being (the subject) and the other (meaning), whose overlap is non-meaning. We can choose meaning (located in the field of the other) at the cost of the unconscious of the subject, or we can choose being (the subject) at the price of meaning. The psychiatrists who evaluated Romand determined that he was pathologically committed to his "roman narcissique" at the cost of all self-awareness and authenticity (which we can translate in Lacanian terms as "being"). Lacan goes on to give other examples of the structure, culminating in "the lethal factor" of adding death as a choice. When given the choice, "freedom or death!," one faces a no-lose (or no-win) situation, because in making a choice, one necessarily chooses both. Romand chooses to kill to avoid revealing and seeing what is beneath the field of the other, and he substitutes another field in its wake. He lives in the imaginary and is given life and agency by the admiring gaze of the other, where he locates his entire being and subjectivity. This makes homicide his (pathological) form of self-defense against the threat of a radical change in perception by the other, which would be the equivalent of murder via involuntary identity theft. One of the two circles is void in Romand's case. And the other does not know what he holds in his hands, or rather in his gaze, nor the consequences of Romand's loss of autonomy over the screen between them.

In an effort to make Romand comprehensible, and to extend an empathic gesture, Carrère recounts a personal anecdote of purposeless lies that he himself told as a child. And yet he has conflicting sentiments:

> pitié, une sympathie douloureuse en mettant mes pas dans ceux de cet homme errant sans but, année après année, replié sur son absurde secret qu'il ne pouvait confier à personne et que personne ne devait connaître sous peine de mort. [...] Et je me retrouvais (c'est empathique, je sais, mais je ne vois pas le moyen de le dire autrement) par cette histoire atroce, entré en résonance avec l'homme qui avait fait ça. J'avais peur. Peur et honte. Honte devant mes fils que leur père écrive là-dessus. Était-il encore temps de fuir? Ou était-ce ma vocation particulière d'essayer de comprendre ça, de le regarder en face? (45-46)

After finding himself "entré en resonance" with Romand, Carrère describes his fear and shame, and while he claims that his shame is towards his sons because of the content of what he writes, he does not specify his fear beyond wondering if he still has time to flee. "Resonance" evokes vibration; it is a movement which occurs in the body. It is as though Carrère feels caught in Romand's gaze and is anxious about the resonance his voice will effect, and what unknown territory of his "obsessions" may be magnified and changed through the movement of the voice whose words are reproduced in — and by — him. He is the instrument and does not know what changes to himself as player will be wrought by his own recounting. Carrère perceives a threat, perhaps from the encroaching voice (or circle, to return to Lacan) of the other to whom he opens himself. He catches himself unwittingly falling into the role prescribed by Romand's detached view of himself as fallen prey to "forces démoniaques" (41).

Despite this position, Carrère includes towards the end of his text a letter to Romand dated November 21, 1996, in which he explains his inability to continue the project:

> Il y a maintenant trois mois que j'ai commencé à écrire. Mon problème
> n'est pas, comme je le pensais au début, l'information. Il est de trouver ma
> place face à votre histoire. En me mettant au travail, j'ai cru pouvoir repous-
> ser ce problème en cousant bout à bout tout ce que je savais et en
> m'efforçant de rester objectif. Mais l'objectivité, dans une telle affaire, est
> un leurre. Il me fallait un point de vue. […] ce défaut d'accès à vous-même,
> ce blanc qui n'a cessé de grandir à la place de celui qui en vous doit dire
> "je." Ce n'est évidemment pas moi qui vais dire "je" pour votre compte,
> mais alors il me reste, à propos de vous, à dire "je" pour moi-même. À dire,
> en mon nom propre et sans me réfugier derrière un témoin plus ou moins
> imaginaire ou un patchwork d'informations se voulant objectives, ce qui
> dans votre histoire me parle et résonne dans la mienne. Or je ne peux pas.
> Les phrases se dérobent, le "je" sonne faux. (203-04)

Assuming an "I," not in community but facing an other, is problema-
tized as an ethical task in this text and functions as its main thematic
and structural tension and enigma. If the question is not one of good
faith, as evidenced by the case of Luc Ladmiral, for example, but of an
irrevocable implication in shaping the other and also in giving oneself
over to this other without defense, where is the ethical choice?

Carrère does return to the project, and goes to the home of one of
Romand's prison visitors turned dear friend, Marie-France, to pick up
the numerous boxes of his trial dossier she is keeping for him. Carrère
meets Marie-France and her husband, and their friend Bernard, who
has become a close friend of Romand's as well. The seventy-five-
year-old Bernard has just returned to Lyons from Paris, where he went
to visit Romand for half an hour. Romand had recently been trans-
ferred there, and Bernard went to visit out of compassion for his
friend, who was suddenly in new surroundings and without a familiar
face in sight. The trip was grueling because he himself had been in the
very same prison in Fresnes. He was arrested by the Gestapo during
World War II for his role in the Resistance and was imprisoned in
Fresnes for two months before being deported to Buchenwald. Carrère
remarks that

> […] Bernard n'est pas un sacristain ignorant de la vie et du mal. Or ce vieux
> gaulliste, plutôt de droite, plutôt traditionaliste, parle de l'escroc et assassin
> Jean-Claude Romand comme d'un garçon extrêmement attachant, qu'il a

toujours plaisir à voir, et on sent bien qu'il ne s'agit pas de charité plus ou
moins volontariste mais d'amitié réelle. (214)

Carrère finds Marie-France and Bernard's fussing over Jean-Claude
Romand almost monstrous. Romand describes their hands reaching
out to him in his time of darkness as "les premières manifestations de
la grâce divine" (217), which he experiences as God's love for him
and his newfound capacity to accept everything with joy. Romand, the
perpetrator, sees himself as having survived his "accablement le plus
terrible" (218) — the murders of his family — thanks in part to the
friendship of a Holocaust survivor, in an unbelievably ironic turn. The
relation is by no means one of confrontation or reconciliation. Bernard
and Romand are both part of the *Intercesseurs*, a worldwide group
which maintains a constant chain of prayer; at every moment of the
day, one of the members is praying. Bernard asked Romand to write a
testimony of his experience, which he published in the group's news-
letter, and he gives a copy of this statement to Carrère. In his testimony, Romand writes of his survivor guilt in the wake of "une terrible
tragédie familiale" (217), the tests of mourning and desperation, and
unspeakable suffering that separated him not only from God but hu-
manity. Survivor guilt, the unspeakable, and feelings of dehumaniza-
tion perversely recall Holocaust testimony, not the testimony of an
individual who has brutally murdered his wife, children, and parents.
There is not any indication of Romand as a perpetrator in his testimony. His account hearkens to the experiences of saints; he has a
revelation of peace through a painful night. He becomes the model
character in the narrative handed to him by his charity visitors turned
friends.

Is Romand's shapeshifting what inspires Carrère to call him the
adversary? Carrère wonders, when Christ brings tears of joy to
Romand's eyes, if it isn't still "l'Adversaire qui le trompe" (220). In
his last line, Carrère claims that writing this text could only be a
prayer or a crime, which in a way places him on level ground with
Romand: as the narratee-accomplice, has Carrère allowed "forces démoniaques" (41) to resonate in him, and has he been eclipsed — to
return to Lacan's image — by what he earlier would have deemed
repugnant? And is he in turn, as narrator of this story, enacting the
function of narrator-perpetrator? These are the dangers and stakes of

narrative which Carrère exposes in writing the account of his relations with Jean-Claude Romand. We, the readers, find ourselves facing the same dilemma as the teller. And what remains is the acceptance of irrevocability and peering tentatively nonetheless "dans un miroir obscurément" as the only means of an authentic "face à face" (28).

Works Cited

Angot, Christine. *L'Inceste*. Paris: Stock, 1999.

Carrère, Emmanuel. *L'Adversaire*. Paris: P.O.L., folio, 2000.

_____. *La classe de neige*. Paris: P.O.L., Folio, 1995.

Indiana, Gary. "Disaster of Disguise: Emmanuel Carrère's Counterfeiters." *Bookforum* Apr./May (2005): 1-9. <http://www.bookforum.com/archive/apr_05/indiana.html>

Lacan, Jacques. *The Four Fundamental Concepts of Psychoanalysis*. 1964. Ed. Jacques-Alain Miller. Trans. Alan Sheridan. New York and London: W.W. Norton and Company, 1998.

_____. *Écrits*. 1966. Trans. Bruce Fink. New York and London: W.W. Norton and Company, 2006.

Julia Effertz

Oxford Brookes University

"Le prédateur, c'est moi" — l'écriture de la terre et la violence féminine dans l'œuvre d'Ananda Devi

Le présent article examine la violence féminine dans l'œuvre de l'écrivain mauricien Ananda Devi. À travers la discussion de trois romans-clés, l'article vise à évaluer la fonction ainsi que l'importance qu'accorde l'auteur à la violence comme constituant de ses héroïnes et du récit. En même temps, l'article propose une lecture de la symbiose entre violence féminine et la terre de Maurice, cette dernière se situant au centre de l'écriture d'Ananda Devi.

> J'ai toujours écrit à propos de Maurice parce que c'est une source inépuisable d'inspiration. En dépit de ses apparences d'exiguïté, cette terre contient une infinité de mondes. —
> Ananda Devi, 1999

Il n'est pas étonnant de constater que l'évocation de sa terre natale occupe une place éminente dans l'écriture d'Ananda Devi. Même si elle avait quitté l'île Maurice pour poursuivre ses études ailleurs et qu'elle vit aujourd'hui en France, elle ne cesse d'écrire et de reconstruire son île, ancrant la problématique de ses textes dans cette présence forte que constitue pour elle l'île Maurice: "Il y a toujours la part du rêve (ou du cauchemar), cette part d'excessif provenant du souffle de la terre. [L]'île est profondément présente dans mon écriture, avec ses blessures, ses failles et sa densité mystique" (Sultan).

Les liens qui attachent Ananda Devi à sa terre natale sont des liens forts, voire problématiques. Ce que la critique littéraire (par exemple, Rosnay et Lionnet) désigne par le terme *island writing* implique en effet un rapport difficile: Devi elle-même affirme la situation paradoxale de l'écrivain insulaire, en faisant remarquer la problématique d'une écriture intense qui naît de l'amour-haine entre un auteur et son île.

> Je crois que le paradoxe enracinement/évasion est présent chez la plupart des écrivains insulaires. [...] Qu'elle soit corse, haïtienne, caribéenne ou de l'Océan Indien, il y a une même intensité, je dirais presque une violence, par rapport au lieu, à la terre, du fait que l'île est un radeau qui nous protège de la noyade et en même temps un lieu d'enfermement. [...] Cette littérature est donc meurtrie et dure, [...] et même la poésie et l'humour finissent par être tragiques. (Sultan 2001)

Terre violente marquée par l'histoire coloniale, par ses ethnies, ses influences culturelles et linguistiques diverses, l'île Maurice représente pour Ananda Devi un constituant crucial de son écriture. Ce "retour au pays par l'écriture" (Issur 121-22) que partage Devi avec d'autres Mauriciens de la diaspora comme Jean-Marie Le Clézio ou Marie-Thérèse Humbert marque en même temps une prédilection pour les personnages féminins. L'auteur ne se considère pas comme un "écrivain à femmes" (Sultan), cependant ses textes mettent en avant les voix ainsi que les souffrances des femmes, premières cibles de traditions patriarcales et de ce que Devi appelle elle-même le *communalisme* (Sultan). Or, les rapports entre une "terre blessée" et ambivalente et ses personnages féminins aux "propos rageurs" créent un triangle figuratif intéressant qui fera l'objet des réflexions qui suivent. Qu'en est-il du rapport entre terre, violence et corps féminin?

J'essayerai d'y répondre par une brève discussion de trois personnages féminins d'Ananda Devi: Daya dans *Pagli*, Noëlla dans *Soupir* et Ève dans *Ève de ses décombres*. À première vue, on serait tenté de classer les héroïnes des deux premiers romans parmi les victimes, car elles subissent la violence de la part d'autrui: il semble qu'elles sont "nées avec la nécessité de leur douleur" (*Pagli* 54-55), et qu'elles sont perdantes jusqu'à la mort. Et pourtant, la complexité de

l'écriture nous permet une lecture plus ouverte du rapport entre violence, féminité et leur terre de rattachement.

Dans le roman *Pagli*, Devi met en scène un environnement hostile et ambivalent qui s'autogénère et s'autodétruit à travers et par la
violence. Terre Rouge, lieu-dit où l'action se déroule dans une atmosphère violente dictée par les traditions, est décrit dans un style à la fois
poétique et violente, mettant bien en évidence une violence rougeâtre
latente et mal supprimée qui sous-tendra tout le roman:

> Les soirs tombent en guillotine [...]. Terre Rouge est lourde d'histoires.
> Dans son air furieux sont suspendus des temps de soleil où les gens devien-
> nent fous de lumière et sont prêts à s'entre-tuer. [...] Et ce rouge, dit la
> terre, vient de tous les sacrifices impardonnés. Elle ne peut pas oublier si
> facilement son histoire, les crimes qui ont été son origine et sa fin, les dou-
> leurs qui ont coulé directement dans le sol et se sont logées dans des noyaux
> de lave qui n'attendent que de rejaillir. (29)

La protagoniste Daya, dont le destin "s'écrit en lettres de sang"
(*Pagli* 29), est mariée jeune à son cousin qui l'avait violée lorsqu'elle
avait treize ans. Daya raconte ce traumatisme comme le point tournant
de sa vie qui l'a fait renaître par et dans la violence:

> J'ai écouté ma naissance dans la cruauté. J'ai contemplé l'arme blanche qui
> me pénétrait, la lame de solitude qui s'insinuait, presque avec douceur, dans
> ma chair. [...] La souffrance était là. C'est ainsi que je suis née un jour de
> violence et de cendres. J'ai grandi sans autre but que ma vengeance. (54-55)

Installée avec son cousin, Daya n'éprouve pour autant plus
aucune peur face à lui; bien au contraire, à partir d'un état d'ultime
destruction auquel elle se trouve réduite, "née violée mariée voilée
aimée enfermée" (57), elle est capable de générer sa propre violence,
en une force intérieure et tranquille engendrée par son mépris. Violence qui lui permet par la suite d'affronter son mari, voire même de
se moquer de lui, qui n'ose plus la toucher. "Fragile et violente à la
fois" (79), Daya renaît comme *Pagli* — terme synonyme de "folle."
Elle n'a plus peur de franchir les barrières de la vie quotidienne, et de
défier les coutumes. Elle affronte les femmes haineuses de son village
et trouvera même un refuge temporaire dans son amour pour le pê-
cheur créole Zil. Cependant, Daya est vite assommée par les rumeurs
qui courent et par la haine implacable qu'on lui témoigne pour avoir
commis l'adultère:

> Le village brûle de ses poisons. Les gens brûlent, les maisons brûlent, les vérités brûlent. Je regarde tout cela comme dans un songe lointain. L'air est dense et cruel comme un diable échappé à sa sauvagerie. Cela ne me concerne pas. Qu'ils se battent entre eux comme des choses larvaires et parasitaires qui ne connaissent que leur faim. Qu'ils se dévorent et s'entre-tuent, puisque c'est ainsi qu'ils sauront combien leur vie est inutile. Qu'ils aillent jusqu'au bout de leur nature, de leurs monstres. (109)

Alors que les habitants enferment la *Pagli* dans un poulailler, celle-ci décrit l'acte violent contre elle-même comme une libération totale au-delà des lois du village. En effet, l'enfermement physique la transforme en une force naturelle lui permettant de briser le cercle vicieux de la violence dans le village. La narration rend l'identification entre Daya et les forces naturelles explicite, tournant la situation désespérée de la protagoniste à son avantage car, en s'unissant littéralement à sa terre elle devient capable de tourner l'agressivité des villageois contre eux-mêmes. La haine des gens s'avère être hautement autodestructrice.

> Par le ciel en fil métallique de ma cage, je conjure les nuages et les forces de s'accumuler au-dessus de Terre Rouge. [J]e peux appeler ces cyclones qui me ressemblent, d'ailleurs c'est en moi qu'ils se forment en premier, je les nourris et les concentre dans mon ventre puisqu'il n'y a rien d'autre dedans [...] et puis je les accouche et ils s'envolent vers les nuages qu'ils chargent de colère. (122)

L'accouchement s'inscrit dans le coloris rougeoyant de *Pagli*, se liant comme leitmotiv à la "Terre Rouge" — rouge comme la haine et la rage des habitants et de Daya, rouge comme les blessures et comme le sang, lorsqu'elle aide son ami Mitzy à avorter — et finalement rouge-violet comme le ciel qui "est devenu couleur de violence" et dont accouche Daya. La transformation finale de la protagoniste s'accomplit en symbiose avec la boue rouge qui inonde et détruit le village, coïncidant avec l'enfermement et la mort de Daya, qu'on a oubliée dans le poulailler. "Et puis la boue rouge montera. Ce sera ainsi. Ils n'en réchapperont pas. Ils l'auront voulu. Ma vengeance sera sans appel, même si elle doit me détruire aussi" (123). Prête à accepter la mort pour aller jusqu'au bout de sa libération personnelle, Daya ne fait plus qu'un avec la boue qui l'entoure, son corps se fragmentant et se dissolvant tant sous les forces de la nature que sous la violence qu'elle intériorise et utilise afin de nourrir sa rage et de détruire le village.

> La haine nous éclate. Main tendue, bouche souriante, cœur donné, tout explose. Notre histoire se fragmente. [...] Vies déchiquetées. Lieux hantés. Horde jadis endormie bougeant lentement dans ses cavernes. Ma pluie se teint de ces vérités rouges. Les voitures sillonnent l'île pour mieux transmettre la contagion. Les gens sont mouillés de violence et leurs yeux se révulsent pour mieux contempler leur terreur et en faire une force. La haine nous rompt. (131)

Finalement, Daya sacrifie son corps dans un élan destructeur. En mourant elle regagne cependant sa paix intérieure lorsqu'elle s'aperçoit qu'elle est enceinte de son amant Zil, et que cette nouvelle vie bouge en elle. Redevenue littéralement "la pitié de la terre" (ce que signifie son vrai nom), Daya ressemble à un germe qui meurt, tout en engendrant la vie. C'est dans cette compréhension du rythme de la vie qui alterne entre violence, destruction et renouvellement que Daya est enfin capable d'abandonner sa haine et de se réintégrer dans le cours de la nature qui finit aussi par se calmer.

Dans une dernière transformation, Daya entre dans "mon large et dans mon océan de vie" (153) et se dissout dans les flots. Elle quitte son corps engendré par la haine et animé par un élan libérateur-destructeur pour retourner à sa source primaire, l'eau.

> Je n'ai presque plus rien d'humain. Les restes se déchirent. Je n'ai plus de corps. J'ai presque disparu, ensevelie jusqu'au cou. Seule ma tête dépasse et regarde ce monde qu'une ancienne colère est en train de noyer. Venait-elle de moi? Je ne me reconnais plus en cette autre et en son envie de détruire. [...] La pluie étale ses poisons sur mes lèvres. Je la bois, elle entre en moi, je la respire, elle entre dans mes yeux, larmes inversées et solitaires, revenues à leur lieu premier. Je ne pleure pas. (150)

La fin de *Pagli* n'est pas heureuse, tout comme la fragmentation du corps féminin dans et à travers la violence n'est pas facile à supporter. Néanmoins, la narration explore l'archétype de la femme-terre tout en jouant avec les stéréotypes qui semblent entourer la notion de violence au féminin. La protagoniste est aussi bien victime que bourreau, alors que l'auteur nous propose une déconstruction du corps

féminin par, malgré, et grâce à la violence. Cette déconstruction abou-
tira à la libération ultime dans la mort.

> Ce n'est pas moi, je ne suis pas dedans, dans cette laide écorce nue qui est
> morte avec sa violence, non, ici je suis comme toi, légère, je suis comme toi,
> bleue, je suis comme toi, mélodieuse, je suis comme toi, enfin belle, je veux
> que tu me reçoives ainsi toute en lumière. (154)

Dans son roman suivant, *Soupir*, Ananda Devi adopte une approche plus retenue par rapport à la violence féminine: *Soupir* est
avant tout le roman d'un échec total et de l'existence impossible qui
déchirent une petite communauté nouvellement établie à Soupir, lieu-
dit sur l'île Rodrigues. Une terre hostile dans laquelle les personnages
du roman ont sans succès tenté d'établir un commerce de ganja, Soupir se trouve dès les premières lignes du roman en symbiose dichoto-
mique avec ses habitants.

> La terre est enflée comme une langue qui n'a pas bu depuis longtemps. Le
> sable colle aux pores. Les horizons et les regards sont scellés. Au-dessus de
> nous, le ciel semble ouvert. Mais il n'y a rien d'ouvert, ici. Nous sommes
> nés enfermés. Soupir. Lieu de ronces, cailloux, roche basalte, en déséqui-
> libre sous le ciel bleu, écrasé par la bouche des collines. Il ne pouvait
> s'appeler autrement. (13)

Dans ce contexte, le personnage féminin de Noëlla paraît des plus im-
portants car c'est à travers elle que passent la condition de la terre et
des hommes, ainsi que leur relation violente et perturbée. En Noëlla,
Devi crée une figure de la violence subtile et complexe qui incarne
non seulement le passé douloureux de Rodrigues, mais aussi le désespoir et la haine collectifs qui se dégagent au cours de la trame narrative. Ultérieurement, Noëlla sera comme Daya à la fois victime et
bourreau sur cette l'île où règne la violence.

À la différence de Daya qui, en symbiose avec la boue rouge, devient une force de la nature ouvertement destructrice, Noëlla puise ses
forces dans la négation et le manque: Née sans jambes, elle est carac-
térisée, selon le narrateur du roman, Patrice l'Éclairé, par le "vide" et
la "haine" (75,214). Vivant "près de la terre [...] en se traînant dans la
poussière" (36), Noëlla est le symbole d'un lieu poussiéreux et sans
espoir, hostile et aride comme le sol qui ne permettra pas aux habitants de Rodrigues d'y implanter une vie quelconque. Ainsi, Noëlla

devient l'incarnation d'une terre victimaire et abusée qui punit ses agresseurs par sa propre autodestruction. Noëlla ne cache pas ses traits caractéristiques mais les montre ouvertement à son environnement comme la nature de Soupir se révèle hostile à ceux qui désirent y vivre. Pareille à l'île, Noëlla, immuable, pratique un refus global en ne donnant strictement rien aux hommes, elle se refuse à eux et abuse d'eux: "Noëlla, née sans jambes, savait d'où lui venait sa force. C'était de sa haine" (25). Par ailleurs, la fille se refuse également à toute image préconçue de la féminité, restant indifférente envers la tentative des femmes de la rendre plus attirante par le maquillage ainsi que contre les efforts des hommes de lui faciliter le déplacement à l'aide d'une brouette. La notion de "faire vivre Noëlla" devient non seulement un leitmotiv du roman, mais évolue vers un véritable fantasme, voire un fanatisme de la part du groupe qui s'applique aussi bien au corps de la fille qu'à la terre de Soupir.

Noëlla reste un fardeau à porter dans le double sens du mot — finalement, la concordance entre elle et Soupir trouve un point culminant dans une scène particulièrement violente; un groupe d'hommes, mené par son propre père Patrice, violent et tuent Noëlla. Comment expliquer l'horreur? Serait-ce par ses provocations outrageantes, par son hostilité ouverte? Certes, l'abus est réciproque, comme le sera la destruction finale et simultanée de la fille et de la communauté sur l'île, ce qui montre une fois de plus comment la narration pousse la dichotomie entre victime et bourreau, entre violence et destruction jusqu'au bout, jusqu'aux images extrêmes. Le viol commis par les hommes se retourne contre eux-mêmes, ce qui constitue à la fois la possession et la destruction de Soupir. Ceci revient alors à une reconnaissance de la terre dans toute son hostilité:

> Et ça brûle. Ça brûle, ce premier pas en Noëlla. Une marche dans l'aridité, sans réconforts ni semblants. J'entre dans son désert et je le reconnais. C'est la terre Rodrigues, sa roche dure, son absence de racines et d'eau, ses collines chauves et ses lenteurs tourmentées. Son cri de sarment cassé et ses ruines. Bwa Mor, Brûlé et Soupir tout en un [...] il nous fallait nous pencher sur le vide de Noëlla et l'habiter. (213)

En nous présentant une image presque insupportablement violente, renforcée encore par le style de prose poétique presque ironique, Devi juxtapose le personnage de Noëlla à l'île elle-même, développant ce parcours figuratif dans des images puissantes telles que "nos actes d'adoration devant toi, la plus femme des femmes, jusqu'à ce que le vase de terre argileuse qu'est ton corps, pétri de nos mains, absorbé par nos bouches, déborde et s'enfle d'un seul coup du plus comblé des soupirs" (215), mais également de façon plus subtile et constante vers la fin du roman. Dans l'évocation simultanée des deux champs sémantiques de Noëlla et de l'île, dans l'avant-dernier chapitre, Devi crée le scénario de la fin de Rodrigues, étroitement lié à la présence de la fille:

> La pierre est neuve sous nos pieds. Sa chaleur pénètre nos orteils, nos pores, monte jusqu'au cœur. Sans même y penser, je tends les bras et Constance y dépose Noëlla. Je prends ma fille contre moi [...] et le regard qu'elle pose sur moi est, enfin, débarrassé de toute haine. (219)

Ceci n'a rien d'un renouvellement. En effet, le narrateur Patrice l'Éclairé comprend qu'il est arrivé au bout de son chemin tandis que la terre de Rodrigues, vue d'en haut d'une colline, continue à s'user (219). Ainsi, la destruction de la fille peut être vue comme un acte qui se retourne contre ceux qui l'ont commis, décidant une fois pour toutes du sort des habitants de Rodrigues qui ont abusé de l'île et de Noëlla et dont l'échec était prédestiné dès le départ. Sa mort à la fin constitue donc avant tout une allégorie de l'autodestruction du groupe, marquée par le départ des femmes et le suicide des hommes. En fin de compte, *Soupir* montre l'image d'une violence féminine malgré elle, qui puise ses forces dans le caractère aride et hostile de la terre même.

À la fin de ma réflexion, il me reste à débattre si la violence féminine dans l'œuvre de Devi doit nécessairement et toujours passer par la terre, et s'il s'agit inévitablement d'une violence secondaire qui passe par l'état de victime du personnage féminin. Le roman le plus récent d'Ananda Devi, *Ève de ses décombres*, me paraît intéressant à cet égard, même si le titre du roman semble suggérer une continuation du thème de la fragmentation violente du corps féminin.

Cette fois-ci, l'action se déroule dans un cadre plus citadin, à Troumaron, quartier banlieusard de Port Louis, dans lequel il ne semble rien exister à part les décombres, la désillusion et la violence au quotidien. Ève, la protagoniste du récit, apparaît comme une fille détachée de tout, de son corps aussi bien que de la terre qui, ici, n'entre pas aussi intensément en symbiose avec le corps féminin que dans

Pagli et *Soupir*. C'est en se distanciant du motif de la femme-nature que l'auteur parvient à développer une vision autre de la violence féminine: Ève est une fille qui se défait de tout lien naturel et social, afin de se reconstruire, littéralement, de ses propres décombres. Elle pratique le sabotage total de son corps, dont elle se sert et qu'elle n'arrête pas de déconstruire, en une sorte de déféminisation forcée à l'extrême, affirmée dès le début: "Je suis autre chose, même pas vraiment vivante. Je marche seule et droite. Je n'ai peur de personne. Ce sont eux qui ont peur de moi, de l'inexploré qu'ils devinent sous ma peau" (*Ève de ses décombres* 21).

Si elle se prostitue, ce n'est pas qu'elle se considère comme victime, mais que son corps ne lui importe pour rien et qu'elle affirme survivre malgré ce corps féminin qui lui sert simplement de monnaie d'échange. En se détachant de son corps, elle inverse les rapports traditionnels de sexe et de pouvoir, commentant la relation sexuelle qu'elle entretient avec son professeur de la manière suivante: "Je finirai par le violer, c'est sûr" (145). Portant le nom archétypique de la femme et de la féminité, Ève défie rigoureusement tout ce que pourrait impliquer la notion de *femme*, réclamant le champ de la violence directe pour elle-même: "Je ne ressemble pas à une femme. Seulement au reflet d'une femme. Seulement à l'écho d'une femme. Seulement à l'idée déformée que l'on se fait d'une femme" (60).

Dans le personnage d'Ève, Ananda Devi construit une fille de dix-sept ans qui se veut tout sauf le "type femme", et dont la clé réside dans l'extrême jeu avec son propre corps. Loin de vraiment s'associer à la terre, victime et bourreau à la fois, Ève suit son propre chemin, tout en étant capable d'agresser et de tuer en usant de ses propres forces. En outre, Ève se dissocie aussi complètement de son environnement — si elle partage la désillusion avec les autres jeunes du quartier, elle reste pour autant seule et quasiment inapprochable au niveau psychologique. Jusqu'à un certain degré, la violence d'Ève constitue une réponse à son environnement inhumain, mais elle est tout aussi bien un constituant de son propre caractère autonome qui lui permettra par la suite de poursuivre son chemin. Lorsque, dans la scène finale du roman, elle assassine le professeur qui a tué sa seule copine, Savita, Ève en sortira vivante et persévérante, tournée vers l'avenir: "Rien ne m'arrêtera plus" (10).

Ève n'attend pas qu'on l'agresse, mais par contre possède une violence innée qui lui permet de frapper en premier. Aussi est-elle capable de transformer son corps, sa féminité par ses propres forces, sans avoir besoin de passer par une symbiose comme celle entre la boue rouge et Daya et la poussière de *Soupir* et Noëlla. Si l'archétype de la terre-femme se trouve en déconstruction, le lien symbiotique avec les éléments naturels n'est pas pour autant entièrement rompu: Dans *Ève de ses décombres*, l'eau et ses remous deviennent synonymes de la protagoniste, permettant une nouvelle dynamique dans la violence féminine — "Moi aussi, je glisse en avant, portée par le temps, portée par rien" (29).

En effet, Ève n'a pas de corporalité fixe et il semble qu'au cours du récit, elle change sans cesse de forme. La fille elle-même fait tout son possible pour se soustraire à sa propre corporalité. Elle refuse d'incarner et d'incorporer quoi que ce soit — si ce n'est des visions volatiles et interchangeables, comme sa tête de lionne, ou encore son corps dit sculpté comme une roche basaltique par la violence qu'elle vit. Tout comme l'eau, Ève s'adapte, se plie, change de forme, et s'échappe.

Pour une fois, la violence est une préserve féminine qui n'est pas autodestructrice, mais qui au contraire permet à Ève de venger le sort de sa copine, Savita, et de renverser les rôles typiques de victime et de bourreau — c'est elle qui, dès les premières lignes du roman annonce que "Je sais me protéger des hommes. Le prédateur, c'est moi" (22).

Par sa nature ainsi que par ses actes, Ève défie l'archétype de la femme-victime et femme-nature tout en se servant de l'image de la terre et d'une féminité victimaire déconstruite. À la fin du roman, Ève échangera son corps contre l'arme à feu avec laquelle elle tue et qui deviendra désormais sa nouvelle monnaie d'échange. Elle est confidente de pouvoir s'échapper par la violence (145).

La fin du roman laisse entrevoir une survie possible pour Ève et Sadiq, un garçon de la même école qui est tombé amoureux d'elle et qui voudrait prendre sa place en prétendant que c'est lui qui a commis le meurtre. Ève refuse et poursuit son propre chemin, restant immuable jusqu'à la fin du roman, et défiant le rôle féminin traditionnel. En quelque sorte, elle clôt la trame narrative par les mots suivants: "Je n'ai pas besoin de toi" (155).

Ambivalent et complexe, le rapport entre violence et féminité structure, traverse et définit l'œuvre d'Ananda Devi. L'auteur travaille avec des notions stéréotypées de la femme dans sa complicité tant concrète que mystique avec la terre pour ensuite déconstruire ce cliché et aboutir à la libération du corps féminin. La violence semble nécessaire, voire innée à ce cycle de destruction et de renouvellement.

Enfin, Devi écrit la violence féminine comme une partie importante de la réalité mauricienne contemporaine. Loin du paradis touristique, elle s'interroge sur des traditions patriarcales et remet en question l'état de la femme au sein de la société et de la culture mauriciennes à l'heure actuelle. Cependant, en dépit de son écriture poétiquement crue, Devi n'adopte pas un ton pessimiste, mais plutôt tente, à travers l'écriture, d'explorer les possibilités de libération au-delà des traditions et des stéréotypes — ou, dans les mots de l'auteur: J'essaie, en faisant de la littérature, d'écrire à partir d'une situation d'enfermement, de négociation et de transformation, pour aboutir à un état d'être différent, en dehors des normes et des règles (Corio 156).

Ouvrages cités

Corio, Alessandro. "Entretien avec Ananda Devi". *Francofonia* 48 (printemps 2005): 145-67.

Devi, Ananda. *Ève de ses décombres*. Paris: Gallimard, 2006.

_____. "L'île Maurice: Source inépuisable d'inspiration". Propos recueillis par Marie Abraham. "La route des Indes." *Journal du Salon du Livre* 2 (16-17 octobre 1999). 10-11.

_____. *Pagli*. Continents Noirs. Paris: Gallimard, 2001.

_____. *Soupir*. Continents Noirs. Paris: Gallimard, 2002.

Fromet de Rosnay, Louis Émile. *Island writing. Identity and Representation in Contemporary Mauritian Fiction. Marie-Thérèse Humbert, Ananda Devi, Carl de Souza*. Mémoire de maîtrise. Université de Montréal, 2001.

Issur, Kumari. "Le Roman Mauricien d'aujourd'hui". *Francofonia* 48 (printemps 2005): 115-24.

Lionnet, Françoise. *Postcolonial Representations: Women, Literature, Identity*. Ithaca and London: Cornell University Press, 1995.

Sultan, Patrick. "Ruptures et héritages. Entretien avec Ananda Devi". Décembre 2001. <http://www.orees.concordia.ca/numero2/essai/Entretien7decembre.html>

Véronique Maisier

Southern Illinois University at Carbondale

Texte et pré(-)textes dans *Texaco* de Patrick Chamoiseau

À partir d'une analyse de l'incipit du roman *Texaco* (1992) de Patrick Chamoiseau, l'auteur de cet article s'interroge sur la place de la violence dans la littérature antillaise. Une discussion sur l'évolution de la résistance de la "grande marronne" à l'opposition de la "petite marronne" souligne l'aliénation et la marginalisation des protagonistes de Chamoiseau et relève les stratégies proposées par l'auteur afin de faire face aux problèmes de la Martinique départementalisée d'aujourd'hui. Les ambivalences d'un texte qui tantôt justifie tantôt condamne la violence incitent en effet à un questionnement sur l'engagement de la littérature créole prôné dans les textes théoriques de Patrick Chamoiseau et de Raphaël Confiant.

En 1991, Edouard Glissant écrivait dans son essai *Poétique de la Relation* que "[l]a violence contemporaine est la réponse qu'opposent les sociétés à l'immédiateté des contacts, exacerbée par la brutalité des agents-d'éclat de la Communication" (155). Ni apologie ni condamnation de la violence, la remarque de Glissant décrit un état de fait et met la responsabilité de la violence sur l'état de développement des sociétés et ceux qu'il appelle les "agents-d'éclat de Communication". Qui sont ces agents? Des réponses autres que la violence sont-elles envisageables dans le contexte postcolonial de "l'immédiateté des contacts"? Glissant évoque encore les "embrayages" mis en place dans les bidonvilles et les ghettos dans lesquels règnent "la violence de la misère et de la boue, mais aussi la rage inconsciente et désespérée de ne pas "comprendre" le chaos du monde" (155). Quelles représentations cette violence et cette rage trouvent-elles dans la littérature? Et si, comme l'affirment Patrick Chamoiseau et Raphaël Confiant, "la littérature créole plus que toute autre est engagée" (*Lettres créoles*, 203), de quelle sorte d'engagement s'agit-il? Autant de questions qu'il importe de poser et de creuser dans un monde où les manifestations tournent souvent à l'émeute, où les enfants peuvent être soldats, où les intifadas[1] deviennent un mode de vie. Une lecture de Texaco, le bidonville, et de *Texaco* le roman de Chamoiseau, propose des éléments de réponses à une interrogation sur la violence en Martinique.

Texaco, roman pour lequel Patrick Chamoiseau reçoit le prix Goncourt en 1992, débute avec les mots suivants: "Dès son entrée dans Texaco, le Christ reçut une pierre dont l'agressivité ne fut pas surprenante" (9), mots qui justifient certes la remarque de Roy Chandler Caldwell, Jr, selon qui "The story of Texaco's birth and struggle of survival unfolds under the sign of violence" (26). L'incident initial de la pierre frappe à la fois comme prétexte et pré-texte. L'agression offre l'excuse qui catalyse l'histoire de Marie-Sophie Laborieux. Parce que quelqu'un lance une pierre au visage du "Christ", Marie-Sophie se trouve en situation d'expliquer à ce dernier les tribulations des habitants de Texaco et les événements qui les ont conduits à cette attaque. L'incident de la pierre, également pré-texte, a lieu avant que le texte principal ne commence. Sa position en tant qu'incipit est clairement établie par la structure du roman. Les vingt-deux pages relatant l'agression, ironiquement intitulées "L'Annonciation", précèdent le sermon de Marie-Sophie qui constitue le corps de la narration (441 pages) avant les derniers mots de Chamoiseau dans la partie "Résurrection". À partir du sermon, la narration, divisée chronologiquement, est organisée en périodes selon le matériau utilisé pour la construction des cases, allant ainsi du temps de la paille (1823?-1902) au temps du bois-caisse (1903-1945), du fibrociment (1946-1960), et enfin du béton (1961-1980). Le pré-texte de "L'Annonciation" n'est pas inclus dans cette organisation chronologique, mais ses événements ont lieu dans la modernité postcoloniale des années 1980. L'arrivée du Christ se situe à la fin du temps de béton et annonce effectivement une nouvelle époque qui pourrait s'intituler le temps de la pierre puisque la

---

[1] Ce mot, d'origine arabe, veut dire "guerre des pierres".

survie du bidonville Texaco — et du roman éponyme — est construite sur cette fondation de la pierre. Ernest Pépin souligne ce que cette fondation offre de nouveau et de dangereux:

> [*Texaco*] gives seminal consent to new modes of survival or resistance. It presents itself as the inauguration of Creole modernity, in which various modes of ruse and resistance, precarious settlement and constrained mobility come together. Texaco, the district, is both a zone of contact or contamination and a boundary zone [...]. It is a popular precinct, an explosive laboratory of Creole inventiveness [...]. (15)

Dans le roman, les personnes les plus démunies de Martinique, rejetées dans les marges du centre-ville — l'En-ville selon l'expression créole utilisée par Chamoiseau — ont échoué dans le quartier appelé Texaco, une propriété abandonnée de la compagnie pétrolière américaine de même nom, et ont progressivement construit une communauté autour des réservoirs et des bidons vides. Les autorités ont agressivement essayé pendant des années de chasser ces indésirables mais les Texacains ont persévéré et reconstruit leurs cases après chaque descente des Compagnies Républicaines de Sécurité. Lorsque cet homme — surnommé le Christ dans la phrase initiale — arrive tôt un matin à Texaco, il est immédiatement perçu comme un étranger et reconnu comme un représentant du gouvernement, deux caractéristiques qui font inévitablement de lui une menace. Le fait que l'agression ne surprenne personne — à l'exception peut-être des lecteurs — révèle le sentiment de malaise, de "nervosité atroce" (484) qui règne dans cette communauté. La situation rappelle une époque antérieure décrite par Frantz Fanon dans *Les Damnés de la terre* lorsque:

> La zone habitée par les colonisés n'est pas complémentaire de la zone habitée par les colons. Ces deux zones s'opposent [...] elles obéissent au principe d'exclusion réciproque: il n'y a pas de conciliation possible, l'un des termes est de trop. (27)

L'hostilité entre les deux zones, soulignée par le vocabulaire de guerre — "combat", "guerre", "trêve", "descente", "assaut" (20) —, a encore augmenté après la construction d'une route qui rapproche le centre-ville de ses marges, rendant la périphérie difficile à ignorer, et créant cette "immédiateté des contacts" mentionnée par Glissant. Effectivement, "les gens-bien" (19) de l'En-ville viennent dorénavant regarder les Texacains et choqués par le spectacle du "cirque créole" (17) qu'ils découvrent, réclament l'élimination du quartier dont l'insalubrité menace selon eux l'ordre public. La pénétration de l'En-ville dans le quartier, clairement indiquée dans le nom de la route, la "Pénétrante Ouest", évoque un acte d'agression, voire de viol, la "mairie moderniste" forçant le passage à travers la vie et la chair de la communauté de Texaco. Les prédictions morbides du Texacain TiCirique reflètent l'état de terreur qui règne alors parmi les habitants:

> Ils viendront avec des bulldozers et ça sera fini pour nous. Ils vont écraser nos viscères dans le macadam. Faire bouillir notre foie avec de la peinture pour marquer les abords. Ils vont découper des rondelles de notre peau pour les mettre à sécher à l'instar des nazis et en faire des loupiotes pour régenter leurs voies. Ils vont planter nos dents sur leurs passages cloutés. (484)

Chamoiseau décrit un monde polarisé, construit sur l'opposition entre centre et périphérie sous laquelle tombent les conflits entre "ils" et "nous", En-ville et bidonville,[2] mais aussi entre la Métropole et le département d'outre-mer, entre le gouvernement et le peuple. Dans ce monde, le centre (et ses corollaires) est l'agresseur tandis que la périphérie est la victime, l'agressée. Pourtant, dans la phrase liminaire du roman, la périphérie commet l'agression contre le centre dans un renversement de violence doublement justifié, à la fois acte d'autodéfense préemptif et réaction naturelle étant donné le passé conflictuel. Bien que l'arrivée de l'urbaniste — le Christ — soit décrite par trois témoins différents, personne ne semble avoir vu l'agresseur. L'anonymat accentue l'aspect collectif de l'agression et offre une mesure de protection; les Texacains resserrent les rangs pour protéger l'un d'eux face à l'ennemi commun, montrant de cette façon le sentiment d'appartenance à la communauté qui s'est développé face à l'adversité. L'agresseur présumé — "Il reçut le coup de pierre à l'origine duquel nous soupçonnons Julot" (485) — est décrit comme

---

[2] Selon Kathleen Gyssels, l'origine de l'opposition repose sur le désir des Texacains d'appartenir à l'En-ville: "Chamoiseau invente pour cette exclusion spatiale l'expression 'En-ville' [...]. Le préfixe 'en' suggère le désir d'insertion de ces démunis, victime de l'exode rural et désireux de ne plus être exclus de la vie 'normale'" (125). Cette interprétation s'oppose à notre lecture qui voit plutôt dans l'En-ville le danger de l'engloutissement et de la perte d'identité créole.

"le plus terrible des habitants de Texaco: un surnommé Julot-la-Gale, qui n'éprouve aucune peur sinon celle du retour sur terre de sa maman défunte" (20). Cette maman défunte serait-elle la France coloniale et son cortège esclavagiste? Le surnom de Julot-la-Gale qui renvoie à une maladie de peau soulève la question du racisme dans cette allusion négative à une dermatose prurigineuse et évoque en même temps la méchanceté du personnage par association avec l'expression idiomatique française "mauvais comme la gale".[3] Le surnom effraie d'emblée et projette l'agressivité du protagoniste. Présenté comme un méchant qui s'attaque aux plus faibles, Julot est en même temps le défenseur des faibles, selon son propre code de l'honneur: "Quand le hasard nous l'envoya à Texaco, il nous protégea des autres méchants de l'En-ville et devint un Major dont la bienveillance ne couvrait que les nègres à l'en-bas de ses graines — je veux dire: ses vassaux" (20-21).

Bien que son titre de Major et la référence à ses vassaux évoquent péniblement la période des maîtres et des commandeurs, Julot est capable de bienveillance, de sacrifice et ses actions prennent un caractère héroïque devant la méchanceté absolue de ceux de la ville. Si les conteurs et les esclaves marrons sont aujourd'hui largement récupérés par le discours des écrivains antillais en tant que résistants de la période esclavagiste, le rôle des Majors dans les périodes coloniale et postcoloniale demande encore à être exploré. Alors qu'autrefois les conteurs résistèrent grâce à leur maîtrise de la langue et la récupération d'histoires, alors que les esclaves marrons rejetèrent la vie de l'Habitation à travers la fuite, le mouvement constant et la survie dans des conditions impossibles,[4] les Majors rencontrés dans les romans de Chamoiseau et de Confiant prennent position, se battent,

---

[3] L'utilisation de surnoms dans la littérature antillaise a fait l'objet de plusieurs études. Jean Faustman, par exemple, remarque que: "Pour subvertir l'importance de l'état civil et pour valoriser le rôle de la communauté, ainsi que la créativité de cette dernière, les romanciers choisissent des noms romanesques révélateurs [...]. Les noms soulignent le bon et le mal, la beauté et la laideur et nous montrent que les Antillais ont leurs propres normes" (125-26).

[4] "Même lorsqu'il n'est pas associé à la révolte, le marronage [sic] constitue une menace pour la société esclavagiste, puisqu'il entraîne une soustraction de main d'œuvre — les marrons trouvent refuge dans les zones frontières et montagneuses non encore touchées par la colonisation et parfois dans les territoires encore occupés par les Caraïbes" (Adelaide-Merlande 95).

reçoivent et rendent les coups.[5] Victime de la brutalité des adultes, et
en particulier d'une mère "marâtre sans baptême qui lui avait grillé
l'enfance" (20), Julot se révolte et assume le rôle de lanceur de pierre.
Dans la Martinique moderne, n'ayant plus l'espace nécessaire à la
fuite, il tient ferme et par son opposition se fait l'homologue moderne
des esclaves marrons. Richard Burton offre une distinction intéres-
sante entre la résistance de la "grande marronne" considérée comme
impossible dans la Martinique départementalisée d'aujourd'hui et
l'opposition de la "petite marronne" qui recherche les faiblesses du
système dominant pour trouver un mode de survie. Selon lui:

> Resistance requires an "elsewhere" from which the system may be per-
> ceived and grasped as a whole and from which a coherent *strategy* of resis-
> tance may be elaborated. Opposition, on the other hand, has no space which
> it can properly call its own. It takes place of necessity *within* the system, on
> ground defined by the system, and, in the absence of any concerted strategy
> of resistance, operates, de Certeau says, "blow by blow", moving from one
> *tactical* maneuver within and against the system to another, utilizing "the
> gaps which the particular combination of circumstances open in the control
> of the proprietary power [...]". (468, souligné dans le texte)[6]

Ni grand marron héroïque, ni conteur dissident, le Major qu'est
Julot serait alors un petit marron débrouillard dont le péritexte aucto-
rial, pour reprendre une expression de Genette, donne une description
révélatrice. Chamoiseau, après avoir mentionné la moustache de Julot
nuance immédiatement cette manifestation virile du physique de
l'agresseur avec une description qu'il insère en note de bas de page:

> (Il était grand comme ça, pas plus épais qu'un soupir de ficelle, le visage
> squelettique et les yeux en glaçons — sa peau prenait les teintes chan-
> geantes de mille cicatrices dont certaines provenaient de lui-même, d'autres
> de sa mère, et le reste de quelques audacieux forcément décédés — et pour

---

[5] "À chaque descente de la police, on le vit tout-devant sous la pluie des
boutous. Ceci pour dire qu'à la roche, l'acide ou le rasoir, il fut toujours, au gré de ses
initiatives, préposé à l'accueil des indésirables d'une manière sauvage" (21).

[6] Burton ajoute plus loin: "If *la grande marronne* is shown to be next to
impossible in contemporary Martinique, *la petite marronne*, inseparable from the
practice of *débrouillardaise* [sic], constitutes a daily method of both opposing the
dominant system and of surviving within the gaps and fissures left within it, of
inhabiting and investing an in-between world that is neither plantation nor *mornes*,
though it partakes of both" (474).

finir, sa voix, pointue comme un souffle de jeune fille dans un pipeau cassé, était son seul vestige d'une enfance momifiée dans un corps qui devenait mauvais, ah, Julot, très cher, quel abîme étais-tu?) (37)

Ce portrait accentue la fragilité de Julot et contraste son corps malingre avec la violence assassine dont il paraît capable. Les parenthèses superflues qui enferment la description déjà mise en note et repoussée en bas de page, reproduisent sa marginalisation et symbolisent l'emprisonnement dans lequel il se débat à cause de ses fantômes mais aussi à cause des limitations d'une société fermée qui offre peu de débouchés. Le choix de renvoyer la description en bas de page ajoute à la fragilité de l'apparence de Julot, le dote d'une sorte de timidité, démentie seulement par les "yeux en glaçons", les "mille cicatrices" et le "corps qui devenait mauvais". L'auteur termine son portrait sur une interrogation qui souligne les contradictions et l'énigme posée par ce personnage, mais il ne lui retire pas sa sympathie car Julot n'est pas né mauvais mais l'est devenu suite aux mauvais traitements subis et auto-infligés. Ni garçon ni fille, ni enfant ni adulte, ni bon ni méchant, Julot représente l'inachèvement et l'impossibilité d'être. Sa présence remet en question les notions d'héroïsme de la littérature classique occidentale et répond à un impératif que les auteurs de la créolité se sont assigné:

> Notre écriture doit [...] [c]hercher nos vérités. Affirmer que l'une des missions de cette écriture est de donner à voir les héros insignifiants, les héros anonymes, les oubliés de la Chronique coloniale, ceux qui ont mené une résistance toute en détours et en patiences, et qui ne correspondent en rien à l'imagerie du héros occidentalo-français. (Bernabé et al. 40)

Il s'agit de reconnaître l'héroïsme des antihéros et plus encore de réinventer l'héroïsme pour l'adapter à un nouveau monde dans lequel les règles ont changé. La remise en cause des valeurs occidentales ne s'arrête pas à des considérations littéraires mais s'étend aux questions éthiques. En effet, si les connotations associées à la scène de l'agression analysée offrent a priori une condamnation morale de l'acte de violence, les nombreuses références bibliques situent le texte dans le contexte judéo-chrétien pour mieux l'attaquer par l'ironie et l'humour. La Bible est un important pré-texte de l'incipit de *Texaco* qui récrit sa propre version de la Parole.[7] Lorsque Julot lance la pierre à l'urbaniste, ce dernier n'est pas encore le Christ mais "l'un des cavaliers de notre apocalypse, l'ange destructeur de la mairie moderniste" (39), "le Fléau" (40). La confusion créée par la complexité de la structure narrative de mise en abyme, par la relation non-chronologique d'événements chronologiques, par la multiplicité des perspectives offertes pour un même événement et enfin par les nombreux détours de l'auteur, brouillent les démarcations entre Sauveur et Destructeur, entre agresseur et victime. De plus, l'invisibilité apparente de l'attaquant et les expressions qui décrivent le "corps foudroyé" (35) évoquent un agresseur invisible, comme si la pierre avait été lancée par le bras d'une justice divine immanente. L'inversion des notions de bien et de mal prêchées par la doctrine judéo-chrétienne remet en question une tradition qui a participé à l'esclavage et justifié ses atrocités.[8] La subversion de la religion chrétienne par Chamoiseau, rendue explicite lorsque l'auteur précise que le sermon de Marie-Sophie ne s'est pas fait "sur la montagne mais devant un vieux rhum" (43), donne naissance à un sermon version antillaise en quelque sorte que le Marqueur de paroles transcrit ici, constitué non pas d'une Parole mais de multiples paroles. Cependant, la référence humoristique au sermon de la montagne n'est pas fortuite et la dénégation de Chamoiseau peut être quelque peu trompeuse. Ce sermon de la montagne de Jésus-Christ selon l'évangile de saint Matthieu (5:7) dans Le Nouveau Testament aurait eu lieu selon certains sur une montagne au nord de la mer de Galilée, près de la ville de Capharnaüm dont le nom vient de l'hébreu Kfar (village) et Nahum (consolation). Ce nom, aussi utilisé familièrement pour qualifier selon le *Nouveau Petit Robert* "un lieu qui renferme beaucoup d'objets en désordre" évoque le "cirque créole" de Texaco, village consolation fondé par Marie-Sophie sur un morne martiniquais. Plus encore, un passage de ce sermon de Jésus-

---

[7] Voir l'article de Joseph Nnadi pour une analyse de l'intertextualité de *Texaco* avec la Bible.

[8] Dans *Orphée noir*, Jean-Paul Sartre expliquait déjà le ton "anti-chrétien" trouvé dans de nombreux poèmes de l'anthologie de Senghor: "Si ces poèmes sont, pour la plupart anti-chrétiens, c'est que la religion des blancs apparaît aux yeux du nègre [...] comme une mystification: elle veut lui faire partager la responsabilité d'un crime dont il est la victime; les rapts, les massacres, les viols et les tortures qui ont ensanglanté l'Afrique, elle veut le persuader d'y voir un châtiment légitime, des épreuves méritées" (xxxvii).

Christ s'applique à la situation développée dans l'introduction de *Texaco*:

> Quiconque entend donc mes paroles et les pratique sera pareil à cet homme sensé qui a bâti sa maison sur de la roche: la pluie est descendue, les torrents sont venus, les vents ont soufflé et sont tombés sur cette maison, et elle n'est pas tombée car elle était fondée sur la roche. (24)

Marie-Sophie convainc l'urbaniste de sauvegarder Texaco, son sermon assure la survie de la communauté qui résiste par la parole aux visées annexionnistes de l'En-ville. Si les mots de la vieille femme transforment l'urbaniste, de destructeur en sauveur, il ne faut pas oublier que ces deux personnages sont mis en présence par l'acte de violence initial de la pierre qui force l'urbaniste en position d'écoute. L'étymologie latine du mot "prétexte" — prae: avant et textere: tisser — convient à cette scène initiale où les événements se trouvent tissés d'une façon compliquée, subissant une sorte de "prétissage", en exergue à ce que Chamoiseau appelle le "métissage narratif".[9] L'acte de violence (masculin) se fait sans qu'aucune parole ne soit échangée et constitue l'embrayage qui assure la prise de pouvoir qui à son tour permet la prise de parole (féminine[10]) qui en fin de compte apporte le salut. Doit-on alors lire *Texaco* en tant qu'apologie à peine voilée de la violence comme premier pas nécessaire vers la reconnaissance? En répondant à la violence par la violence, Julot parle la langue de la mairie moderniste et parvient à établir un début de dialogue. Il devance la violence dans un quitte ou double dangereux: son geste risque d'engendrer davantage de violence sous forme de représailles contre la communauté dans son ensemble ou bien peut faire reculer l'élimination du quartier en intimidant l'urbaniste, agent responsable de la démolition et du relogement en "clapiers d'achélèmes" (20). Mais tout se termine bien puisque Julot réussit à faire écouter et entendre la voix de Marie-Sophie. L'agression aboutit à un *happy ending*

---

[9] Le mot "texte" vient d'ailleurs du latin "textus" qui signifie dans un premier temps "tissu, trame". Dans *Tambour-Babel*, Ernest Pépin recourt à la même métaphore pour évoquer la littérature antillaise: "Textes métissés traversés par les cyclones de nos oralitures, mettant en des tresses inédites les fils de nos diversités" (230).

[10] Précisons cependant que la féminité de Marie-Sophie, "cette femme-matador", a été mise en doute par plusieurs critiques dont James A. Arnold, par exemple dans "The Gendering of Créolité".

lorsque l'urbaniste devenu Christ apporte "la Bonne Nouvelle" (486): Texaco ne sera pas rasé mais réhabilité. L'urbaniste promet que "tout serait amélioré mais conservé selon sa loi première" (487) et, plus christique que jamais, il fait installer l'électricité dans un *lux fiat* des temps modernes. Cette conclusion oriente la lecture vers une glorification de la violence initiale, glorification certes discrète car dissimulée sous le foisonnement du sermon créole de Marie-Sophie et sous le "marronnage littéraire"[11] de Chamoiseau.

En "finale de compte" des *Lettres créoles* publiées un an avant *Texaco*, Patrick Chamoiseau, en collaboration avec Raphaël Confiant, prône l'engagement de la littérature créole qui

> exprime des urgences: conflits ethniques, frustrations de classe, antagonismes religieux, douleur des langages, troubles intérieurs, appels du monde, désir de fuite hors de l'habitation qui nous conditionne encore malgré la disparition de ce système au cours des années 60. (203-04)

Ces conflits, frustrations, antagonismes et troubles qui s'inscrivent page après page dans l'histoire de Texaco posent le problème de l'engagement des auteurs et du rapport à la violence comme moyen nécessaire pour se faire entendre. Chamoiseau fait doublement œuvre d'engagement dans *Texaco*; il retourne la violence physique vers l'urbaniste en tant qu'agent du gouvernement, et il retourne la violence verbale vers les lecteurs, faisant preuve de la "violence anti-violence [qui] n'est pas néant, mais ouverture et création. Elle ajoute un plein sens à la violence opératoire des marginaux, des rebelles, des déviants, tous spécialistes de l'écart" (Glissant 170). Comme la roche frappe l'urbaniste, la phrase initiale frappe les lecteurs et les désarçonne suffisamment pour qu'ils veuillent écouter l'histoire de Marie-Sophie. Dans un entretien de 1999 avec Rose-Myriam Réjouis, Chamoiseau reconnaît utiliser l'effet de surprise dans sa narration: "So I pair up truth with a kind of rhetoric that aims to strike the reader, to astonish him, to help him somewhat understand what I am narrating to him" (347). En ce sens, le texte est à un dernier niveau un prétexte dont le but est avant tout de faire passer un message. Les Texacains, tout à la fois conséquence, manifestation et victimes du malaise so-

---

[11] Dans *Penser la créolité*, Pascale de Souza utilise fort justement cette expression dans sa discussion sur l'opacité de l'écriture de Chamoiseau.

ciétal antillais engagent les lecteurs à l'écoute et à l'ouverture mais les avertissent également des risques encourus le cas échéant. Les propos de Colette Pétronnet décrivant les démunis qui vivent dans les bidonvilles de Lyon ou de Paris s'appliquent, toutes proportions gardées, aux Julot-la-Gale, aux Marie-Sophie, aux Solibo et autres djobeurs de Chamoiseau:

> Pour l'heure, il semble bien que les gens unanimement désignés comme marginaux, asociaux, inadaptés ou handicapés, soient à la société contemporaine ce que les *pharmakoi* étaient aux Athéniens, c'est-à-dire à la fois le mal et le remède. (325)

Ouvrages cités

Adelaide-Merlande, Jacques. *Histoire générale des Antilles et des Guyanes. Des Précolombiens à nos jours*. Paris: Éditions L'Harmattan, 1994.

Arnold, James A. "The Gendering of Créolité". *Penser la créolité*. Éd. Maryse Condé et Madeleine Cottenet-Hage. Paris: Karthala, 1995. 21-40.

Bernabé, Jean, Patrick Chamoiseau et Raphaël Confiant. *Éloge de la créolité*. Paris: Gallimard, 1989.

La Bible. Le Nouveau Testament. Paris: Gallimard, 1971.

Burton, Richard. "Debrouya Pa Peche, Or Il y a Toujours Moyen de Moyenner: Patterns of Opposition in the Fiction of Patrick Chamoiseau". *Callaloo* 16.2 (1993): 466-81.

Caldwell, Roy Chandler, Jr. "For a Theory of the Creole City. *Texaco* and the Postcolonial Modern". *Ici-là. Place and Displacement in Caribbean Writing in French*. Ed. Mary Gallagher. Amsterdam: Rodopi, 2003. 25-39.

Chamoiseau, Patrick, et Raphaël Confiant. *Lettres créoles. Tracées antillaises et continentales de la littérature: Haïti, Guadeloupe, Martinique, Guyane: 1635-1975*. Paris: Hatier, 1991.

Chamoiseau, Patrick. *Texaco*. Paris: Gallimard, 1992.

De Souza, Pascale. "Inscription du créole dans les textes francophones. De la citation à la créolisation". *Penser la créolité*. Éd. Maryse Condé et Madeleine Cottenet-Hage. Paris: Karthala, 1995. 173-90.

Fanon, Frantz. *Les Damnés de la terre*. Paris: F. Maspéro, 1975.

Faustman, Jean. *Le Creuset des cultures: la littérature antillaise*. New York: Peter Lang, 2004.

Genette, Gérard. *Palimpsestes: la littérature au second degré*. Paris: Seuil, 1982.

Glissant, Edouard. *Poétique de la Relation*. Paris: Gallimard, 1991.

Gyssels, Kathleen. "Du titre au roman: *Texaco* de Patrick Chamoiseau". *Roman 20-50: Revue d'Étude du Roman du XXe siècle* 20 (décembre 1995): 121-32.

Nnadi, Joseph. "Mémoire d'Afrique, mémoire biblique: la congruence des mythes du nègre dans *Texaco* de Chamoiseau". *Études Francophones* 15.1 (2000): 75-91.

Pépin, Ernest. *Tambour-Babel*. Paris: Gallimard, 1996.

_____. "The Place of Space in the Novels of the Créolité Movement". *Ici-là. Place and Displacement in Caribbean Writing in French*. Ed. Mary Gallagher. Amsterdam: Rodopi, 2003.

Pétronnet, Colette. *On est tous dans le brouillard. Ethnologie des banlieues*. Paris: Edition Galilée, 1985.

Réjouis, Rose-Myriam. "A Reader in the Room. Rose-Marie Réjouis Meets Patrick Chamoiseau". *Callaloo* 22.2 (1999): 346-50.

Sartre, Jean-Paul. "Orphée noir". *L'Anthologie de la nouvelle poésie nègre et malgache de langue française*. Éd. Léopold Sédar Senghor. Paris: Presses Universitaires de France, 1969.

Milo Sweedler

Wilfrid Laurier University

Tabula Rasa: Blanchot and the Terror

This study explores Maurice Blanchot's fascination with the specter of Terror from his early political writings of the 1930s to his mature literary theory of the post-World War II period. What unites these two sets of texts is the idea, recurrent in Blanchot's work, that terrorism effects a *tabula rasa* of the existing world. However, in contrast to Emmanuel Levinas, on the one hand, and to Blanchot's colleagues at *Combat*, on the other, for Blanchot the *tabula rasa* is not a means to an end, but an end in itself. The true horror of the Terror, Blanchot suggests, is that it has no end.

In July 1936, two months after the triumph at the polls of Léon Blum's Front Populaire government, the twenty-eight year old Maurice Blanchot, then a member of the *jeune droite*, launches, under the title "Le terrorisme, méthode de salut public," published in the pages of the right-wing journal *Combat*, his notorious call for acts of terrorism. About a decade later, Blanchot, well on his way to becoming one of the most important and influential literary theorists of the second half of the twentieth century, lays out, in the November 1947 and January 1948 issues of *Critique*, what one commentator has described as "his most programmatic philosophical account of literature in general": "La littérature et le droit à la mort" (Hill 103). As Allan Stoekl comments, "Blanchot's early political polemics would seem not only to be written by a different man from the critic and novelist, but on a different planet as well" (*Politics, Writing, Mutilation* 22). Yet an essential element links the prewar political journalist to the postwar critic and theorist: a fascination with the specter of the Terror. It is this fascination that I propose to explore here.

The target of the projected terror in Blanchot's "Le terrorisme, méthode de salut public" is the socialist Blum government, "belle union, sainte alliance que ce conglomérat d'intérêts soviétiques, juifs, capitalistes," as Blanchot calls it, which, the young journalist proposes, due to the power it has consolidated through close ties to a large number of interest groups, cannot be legitimately challenged through legal, democratic means. Under these conditions, Blanchot affirms, what is needed is a revolution. I cite the conclusion of the article:

> Il est nécessaire qu'il y ait une révolution, parce qu'on ne modifie pas un régime qui tient tout, qui a ses racines partout, on le supprime, on l'abat. Il est nécessaire que cette révolution soit violente, parce qu'on ne tire pas d'un peuple aussi aveuli que le nôtre les forces et les passions propres à une rénovation par des mesures décentes, mais par des secousses sanglantes, par un orage qui le bouleversera afin de l'éveiller. Cela n'est donc pas du tout repos, mais justement il ne faut pas qu'il y ait de repos. C'est pourquoi le terrorisme nous apparaît actuellement comme une méthode de salut public. ("Le terrorisme" 63)

One recognizes in this call for revolutionary terror a whole set of *lieux communs* of the French right wing of the 1930s. The anti-parliamentarian, anti-democratic, anti-capitalist, anti-communist stance, combined with a nostalgia for the aborted coup d'état of 6 February 1934, when fascist rioters threatened to take over the Assemblée Nationale, are all evoked in this passage. Indeed, Jeffrey Mehlman, the first person to seriously study Blanchot's right-wing engagement of the 1930s, sees in this call for revolutionary terror all the hallmarks of fascism. The young Blanchot is neither a proto-fascist nor a crypto-fascist, according to Mehlman, but a fascist *pur et dur*: Blanchot, in his role as "propagandist for terrorism," as Mehlman calls it, with his distinctly anti-establishment but also, Mehlman insists, anti-Semitic flair, constitutes a model example of the fascist intellectual (13).

Although it is hard to argue with Mehlman's claim that the Blanchot of the 1930s is "a propagandist for terrorism," I find the accusation of anti-Semitism overblown. Mehlman's inculpation of Blanchot, largely on grounds that he is anti-Semitic, proceeds by a series of juxtapositions of Blanchot's writings with those of other writers, many of whom (such as Drumont, Bernanos, Montherlant, and Thierry Maulnier) were notorious anti-Semites and/or collaborators. Mehlman's argument relies heavily on guilt by association, by contagion. It is a beautifully orchestrated tour de force of literary criticism but finally unconvincing as to its fundamental thesis. The sentence cited above, to the effect that the Blum government represents a holy alliance of Soviet, capitalist, and Jewish interests, is as close as Blanchot comes to expressing an anti-Semitic position. Leslie Hill cites three other references to Jews appearing in Blanchot's political writings of the 1930s (the sum total of such references, all of which have more or less the tone and tenor of the one cited above), including one to the person of Léon Blum, and argues that "Blanchot is condemning Blum for his interpretation and support for the Soviet Union rather than attempting to make polemical capital out of his Judaism" (37). However, if Mehlman's inculpation of Blanchot on the grounds of anti-Semitism tends toward the hyperbolic, this defense likewise tends towards exaggeration. Hill downplays, excessively in my opinion, the capital gains Blanchot might make from mobilizing the anti-Semitic sentiments of the moment. Blanchot's position may well represent an anti-Semitism "light," rampant in France during the 1930s, but anti-Semitism "light" is still anti-Semitism, and Blanchot, to the extent that he capitalizes on the anti-Semitism of the moment, is guilty not only of endorsing such an ideology, but of propagating it.

This being said, if Blanchot's writings in *Combat* and other right-leaning journals of the 1930s are symptomatic of a certain anti-Semitism in the *Zeitgeist* of interwar France, their latent or overt anti-Semitism does not touch at the heart of the concerns expressed therein. There is no racist agenda advanced, and indeed, Blanchot's falling out with his colleagues at *Combat* can be traced to his refusal of their anti-Semitic agenda. What *is* central to Blanchot's position is the idea of making a *tabula rasa* of existing social and political conditions, and this notion of the *tabula rasa*, expressed in Blanchot's writings in a number of contexts, remains constant in Blanchot's thinking, from the beginning to the end of his career.

Many critics have commented on the temporal and thematic coincidences between Blanchot's "Le terrorisme, méthode de salut public," published in July 1936, and the author's first major contribution to literary theory, "Comment la littérature est-elle possible?" published in the *NRF* between June and October 1936, then under separate cover by Gallimard in 1942, and finally in *Faux Pas*, Blanchot's first collection of critical essays. As Mehlman cannily remarks: "Oddly enough, its focus is on a different terrorism and, I dare say, a different bloom: Jean Paulhan's *Les Fleurs de Tarbes ou la Terreur dans les lettres*" (12). Michael Syrotinski affirms that

> Blanchot's reading of Paulhan's book [...] occupies a central place in the
> shift in Blanchot's career from being an apologist for a certain form of
> right-wing political ideology during the 1930s, to his more celebrated role
> as a fiction writer and literary critic from the 1940s onwards. (78)

Mehlman, for his part, reads Blanchot's piece as "simultaneously a discreet inauguration of French literary modernity and a coded farewell to plans for a French fascism in the 1930s" (13).

The argument of Blanchot's essay is well known. Whereas Paulhan's *Les Fleurs de Tarbes* appears to privilege rhetoric (the use of commonplaces and literary conventions) over what he calls literary terror (which entails the destruction of clichés and established literary forms), Blanchot, in his reading of Paulhan, subordinates rhetoric to terror. As James Swenson proposes: "Contrary to Paulhan's apparent argument, it is Terror that contains Rhetoric within it" (13), for, as Allan Stoekl reminds us, citing Blanchot's essay on Paulhan, "the 'soul' of literature is Terror" (166).

The Terror: just as one immediately recognizes a set of *lieux communs* of the interwar French right and extreme right in Blanchot's call for revolutionary terror, cited above, one cannot fail to remark the reference, which gives the piece its title, to the Comité de Salut Public at the end of the article. As Leslie Hill observes, Blanchot's "Le terrorisme, méthode de salut public" ends with "an unmistakable reference back to the memory of Danton, Robespierre, and St-Just, those earlier revolutionaries of 1793" (40). It is such a memory of the Reign of Terror that gives Paulhan's book its subtitle, *La Terreur dans les lettres*. "L'on appelle *Terreurs*," Paulhan writes, by way of an explanation of his subtitle, "ces passages dans l'histoire des nations [...] où il semble soudain qu'il faille [...] une extrême pureté de l'âme, et la fraîcheur de l'innocence commune" (61). Paulhan's terrorists are those who would proscribe the use of time-worn forms of expression in favor of lexical and syntactical innovations that would afford contact with "la nouveauté vierge des choses," as Blanchot puts it in his commentary on Paulhan's book (*Faux Pas* 94). They would make a *tabula rasa* of literary language and conventions, purging literature of ready-made figures, forms, and modes of expression, starting afresh, with a clean slate on which they would re-create literature *ex nihilo*.

Many critics have cautioned against attributing too much importance to the reference to the historical Reign of Terror in Paulhan's treatise. I would suggest that *la Terreur*, in *Les Fleurs de Tarbes*, is a cliché, in the sense that Paulhan describes in his book. It is one of those *grands mots* (such as *liberty*, *democracy*, and *equality*, in one register; *religion*, *order*, and *army*, in another) in which one hears whatever one wants.[1] For Blanchot, on the contrary, the reference to the Terror is to be taken seriously: one need only consult "La littérature et le droit à la mort," Blanchot's first sustained exposition of his conception of literary language, where — at the exact center of the piece, just as the first installment of the essay breaks off and the second begins — he affirms:

> La littérature se regarde dans la révolution, elle s'y justifie, et si on l'a appelée *Terreur*, c'est qu'elle a bien pour idéal ce moment historique, où "la vie porte la mort et se maintient dans la mort même" [the reference is to Hegel's *Phenomenology*] pour obtenir d'elle la possibilité et la vérité de la parole. C'est là la "question" qui cherche à s'accomplir dans la littérature et qui est son être. (*La part du feu* 311)

Whereas Paulhan proposes the Terror as a cliché, a *lieu commun*, a trope by which he names a cultural dominant in French literature and literary criticism since the Revolution, for Blanchot, it names the essence of literature as such. In contrast to Paulhan, whose only reference to the Terror of 1793-94 is almost a throwaway remark, which he does not follow up, Blanchot recounts in gory detail why the writer is — regardless of his or her political persuasion — a Terrorist. "Reconnaissons dans l'écrivain ce mouvement allant sans arrêt et presque sans intermédiaire de rien à tout," he proposes (308). The writer is he or she who creates everything from nothing, going from zero to infinity with the stroke of a pen. It is not only those writers that Paulhan

---

[1] Cf. Paulhan, p. 69 and *passim*.

would call terrorists who create *ex nihilo*, according to Blanchot; anyone who writes — rhetorician or terrorist, prose writer or poet — indeed anyone who *speaks*, engages in this strange activity in which the
world is created out of nothing. It is for this reason, Blanchot affirms,
that the Revolution, "où tout paraît mis en question, où loi, foi, État,
monde d'en haut, monde d'hier, tout s'enfonce sans effort, sans travail, dans le néant," is "en tous points analogue à l'action telle que
l'incarne la littérature" (309). Both revolutionary activity and literature do a *tabula rasa* of the existing world, razing it to the ground in
order to attain the "nouveauté vierge des choses" evoked in the earlier
essay on Paulhan. If the author of *Les Fleurs de Tarbes* refers to the
Reign of Terror lightly, in passing, as almost a throwaway trope, for
Blanchot, on the contrary, the Terror is what literature is all about:
Paulhan didn't know how right he was, Blanchot effectively affirms.

Literature, like the Revolution — by which Blanchot means first
and foremost the French Revolution, and in particular the Terror of
1793-94 — creates everything from nothing. However, the "thing"
that literature produces is not really a thing. The negation that the literary work accomplishes — the creation of the idea of the thing in the
place of the material thing — supplants the empirical thing with a
specter, effectively killing one in the act of conjuring the other. Nam-
ing something conjures its absence, its non-existence here and now.
Blanchot alludes in this context to Mallarmé's famous "Je dis: une
fleur," an utterance which evokes, in Mallarmé's well-known formu-
lation, "idée même et suave, l'absente de tous bouquets" (Mallarmé
857). In "La littérature et le droit à la mort," Blanchot assimilates this
disappearance of things to a disappearance of people, rewriting Mallarmé's phrase in the form, "Je dis 'cette femme,'" an enunciation
which is tantamount, according to the theorist, to a death sentence (*La
part du feu* 313). I say "this woman" and she ceases to exist; I kill her.

However, it goes without saying, I also say "I," thereby turning
the murderous power of language back on myself. "Je me nomme,"
Blanchot writes, "c'est comme si je prononçais mon chant funèbre: je
me sépare de moi-même, je ne suis plus ma présence ni ma réalité,
mais une présence objective, impersonnelle, celle de mon nom" (313).
And to the extent that the speaker is implicit in every utterance he or
she makes, whether he or she actually names him- or herself, this sui-
cidal property is implicit in every linguistic act. As Blanchot puts it:

"Quand je parle, je nie l'existence de ce que je dis, mais je nie aussi l'existence de celui qui le dit" (313-14). Here again literature finds a parallel with the French Revolution. Robespierre and Saint-Just establish the Reign of Terror, putting countless people to death. "Mais," Blanchot insists, "la Terreur qu'ils incarnent ne vient pas de la mort qu'ils donnent mais de la mort qu'ils se donnent" (314). In literature as in the Revolution, everyone has the right to death, the Terrorists as well as the terrorized. Death is banal in the Revolution. People die, and their death is insignificant, with no more importance, Blanchot affirms, citing Hegel, than cutting a head of cabbage or drinking a glass of water.

Of course, Blanchot concedes, language doesn't really kill anyone, but the very possibility that the word can name a person in his or her absence implies that it can detach the same person, the living person, who is there before me, from his or her flesh-and-blood reality; the person finds him- or herself "soustraite à son existence et à sa présence et plongée soudain dans un néant d'existence et de présence" (313). Language gives us, to borrow an expression from Levinas, whom Blanchot approvingly cites in his essay, *existence sans existant*.

Let us follow up the reference to Levinas. In order to explain his conception of literary language, Blanchot refers his reader to Levinas's notion of the *il y a*, "négation qui se voudrait absolue," as the philosopher defines the term in his preface to the second edition of *De l'existence à l'existant*, "niant tout existant — jusqu'à l'existant qu'est la pensée effectuant cette négation" (10). This notion of the *il y a*, which constitutes the first point of contact between Blanchot's and Levinas's writings, would seem to align the two thinkers, and the two of them do appear to see more or less eye to eye on the meaning of the *il y a*. Yet if they agree on the *meaning* of the *il y a*, the *place* it occupies in the exposition of their respective theories — its role in the unfolding of their thoughts — sets them radically apart. In both of their works the *il y a* effects a *tabula rasa*, eliminating beings and leaving only naked, disembodied, vacuous Being. Yet this elimination of beings in favor of the nothingness of Being constitutes, in Levinas's study, an initial step in the unfolding of his ethics. In a gesture that Blanchot qualifies as Cartesian, Levinas does a *tabula rasa* of *existants*, only to then fill the void with *Autrui*. Blanchot, on the contrary, never gets past the *il y a*. In contrast to Levinas, who eliminates beings in order to clear a space for the arrival of the Other, Blanchot, I would argue, never fills the void. The *il y a* is alpha and the omega in his thought, what exists before the beginning and what remains after the end: the disaster, in Blanchot's later lexicon, of which he writes, in *L'Écriture du désastre*, "Pour ma part, j'entends l'irrévocable de l'*il y a*" (178).

To conclude: in his 1947-48 article on literature and the right to death, Blanchot refers to Levinas's notion of the *il y a* in order to explain his conception of literary language. The *il y a* is elaborated for the first time in Levinas's writings in *De l'existence à l'existant*, published in 1947; however, the term had already appeared in Blanchot's "Le dernier mot," his first story, written in 1935 and published for the first time in 1951. Indeed, the "dernier mot" announced in the title of this first *récit* in the Blanchot corpus is none other than *il y a*. Blanchot's first word is the last word. In his first contribution to the world of literature, written the year before his call for the return of the Reign of Terror appears in the pages of *Combat*, Blanchot announces the terror of the *il y a*. And if the irrevocability of the *il y a* sets Blanchot apart from Levinas, it also separates him from his colleagues at *Combat*. Whereas Levinas does a *tabula rasa* of *existants* in order to build from the ground up a philosophy based on the primordiality of *Autrui*, the *Combat* team would clear the stage for the arrival of the fascist dictator. Blanchot stops short of fully aligning himself with either of these positions. Although his writings resemble in many ways those of his colleagues at *Combat* during the years preceding the war, and those of Levinas in the years after the war, for Blanchot, the *tabula rasa* is not a means to an end but an end in itself. The Revolution that Blanchot envisions would be permanent, an unending movement of eternal return: "revolution" in the etymological sense, a vicious circle, or, to give the last word to Blanchot, from a commentary on "Le dernier mot" published in 1983, three years after *L'Écriture du désastre*, "l'*il y a* qui porte le rien et empêche l'annihilation pour que celle-ci n'échappe pas à son essence interminable dont le terme est ressassement et éternité" (*Après coup* 94). The true horror of the Terror may be that it has no end.

Works Cited

Blanchot, Maurice. *Après coup*, précédé par *Le Ressassement éternel*. Paris: Minuit, 1983.

——. *L'Écriture du désastre*. Paris: Gallimard, 1980.

——. *Faux Pas*. Paris: Gallimard, 1943.

——. *La part du feu*. Paris: Gallimard, 1949.

——. "Le terrorisme, méthode de salut public." 1936. *Lire Blanchot II*. Spec. issue of *Gramma* 5 (1976): 61-63.

Hill, Leslie. *Blanchot: Extreme Contemporary*. Warwick Studies in European Philosophy. London and New York: Routledge, 1997.

Levinas, Emmanuel. *De l'existence à l'existant*. 1947. Bibliothèque des textes philosophiques. Paris: J. Vrin, 1990.

Mallarmé, Stéphane. *Œuvres complètes*. Bibliothèque de la Pléiade. Paris: Gallimard, 1945.

Mehlman, Jeffrey. *Legacies of Anti-Semitism in France*. Minneapolis: Univeristy of Minnesota Press, 1983.

Paulhan, Jean. *Les Fleurs de Tarbes, ou la Terreur dans les lettres*. 1941. Folio Essais 147. Paris: Gallimard, 1990.

Stoekl, Allan. *Agonies of the Intellectual: Commitment, Subjectivity, and the Performative in the Twentieth-Century French Tradition*. Lincoln; London: University of Nebraska Press, 1992.

——. *Politics, Writing, Mutilation: The Cases of Bataille, Blanchot, Roussel, Leiris, and Ponge*. Minneapolis: University of Minnesota Press, 1985.

Swenson, James. "Revolutionary Sentences." *The Place of Maurice Blanchot*. Ed. Thomas Pepper. Spec. issue of *Yale French Studies* 93 (1998): 11-29.

Syrotinski, Michael. *Defying Gravity: Jean Paulhan's Interventions in French Intellectual History*. Albany: SUNY Press, 1988.

Alice Kaplan

Duke University

On Violent Judgment: Louis Guilloux's Novel about Race, Justice, and the Segregated Army that Liberated France[1]

Louis Guilloux's *OK, Joe* (1976) provides a potential example of the survival of the "exemplum" in modern French literature. Guilloux adapts the structure of the fable to a courtroom narrative based on his work as an interpreter in U.S. Army court-martials in Brittany after D-day. Studying his manuscript drafts and the transcripts of trials in which he participated allows us to analyze the choices he made in creating a morality tale that is streamlined and emotionally charged. We situate *OK, Joe* in the context of emergent literary genres of the 1960s and 1970s, including *testimonio* and documentary fiction.

Has modern literature, so preoccupied with formal experiment, with the complexity of everyday experience and the fragmentation of the self, abandoned the old-fashioned morality tale? In June of 2006 I participated in a colloquium in Paris on the idea of the "exemplum"; our plan was to explore what had happened to the tradition inspired by Aesop, which continued with La Fontaine and has included in its wake texts as diverse as *Don Quixote* and Montaigne's essays — literature where stories, or characters, are exemplary, either because the plot

---

[1] An earlier version of this paper is forthcoming in French in *L'Exemplarité Littéraire* (see Works Cited).

itself gives moral lessons in some aspect of politics, behavior, or social life, or because a character comes to stand for certain moral qualities. I had been working on the writer Louis Guilloux (1899-1980), and my colleague Anne Garréta, who invited me to the colloquium, suggested that Guilloux's novella *OK, Joe* might help us ask new questions about what happens to the moral fable in the middle of the twentieth century. Our hypothesis was that, contrary to expectations, moral fables abound in modern literature, and that a literature concerned with trials — with judicial narrative (including but not exclusively detective fiction) — might be just the place where the "exemplum" thrives today. Guilloux would be a test case.

Here is what interested us most about his own textual production and his biography: In the summer of 1944, Louis Guilloux worked as an interpreter for the American Army in Brittany. He waited until 1976 to publish a short novel about his experience, which he called *OK, Joe*. I explored the historical basis for Guilloux's novel in my own book, *The Interpreter,* published in the U.S. in 2005 and translated into French under the same title: *L'Interprète. OK, Joe* takes place in the summer of 1944 on the northern coast of Brittany, where Louis, the main character, is working as an interpreter for a group of officers in the American Army. His job is to translate into English the testimony of French people called as witnesses in courts-martial of GIs accused of the murder and rape of French civilians. One can find in *OK, Joe* a portrait of the Liberation in all its contradictory aspects. Guilloux paints scenes of popular balls and the singing of the national anthem; he describes the violent roundups of women, whose heads are shorn in public as punishment for "horizontal collaboration" (sleeping with German soldiers); he recounts the various forms of reprisal against collaborators by the Resistance — the extralegal purge — and the survival of anti-Semitic attitudes. All this is represented with quick and sure brush strokes, in a text whose main concern is the sudden presence of the American Army in northern France after D-Day. Through Guilloux's many sketches of life in 1944, there emerges a specific criticism — hence the "exemplum" — formulated as a question: how is it that the country that the narrator, Louis, calls "a great democracy like the United States" (81) has a racially segregated army? And what are the consequences of this American apartheid for French civilians and for the Army itself?

The narrator

It's often said that one of the most important choices a writer has to make is the choice of narrator. Guilloux's decision to have an interpreter narrate his story is autobiographical in origin but finally an ingenious one. As an interpreter, Louis must be extremely vigilant. He sees everything, absorbs everything; he is invisible yet lucid behind the mediating screen of his work as a translator.

His "invisibility" has its limits, however, and like any passionate translator he must, from time to time, intervene. He often has trouble understanding what he sees and what he hears. In one of his cases, a black soldier has raped and murdered a woman, leaving her widower to raise their daughter. The soldier is sentenced to death. But the Americans haven't offered any assistance to the victim of the crime. Louis encourages the widower to ask for a pension from the American Army to help him raise his daughter. Next, Louis observes two contradictory verdicts: an African-American soldier is condemned to hang for an accidental shooting, while a white soldier who has killed a French soldier outside a bar is mysteriously acquitted. In the second case, Louis, the interpreter, is not included in the court-martial proceedings; all he sees is that the white soldier leaves the courtroom in the presence of his judges and goes with them to eat lunch in the mess hall.

Through Louis's eyes and ears, we observe the behavior of the American soldiers who liberated France — their energetic cordiality, which comes through in the way they greet one another, with their incessant enthusiastic "OKs," and also their darker side, which amounts to a supreme confidence in themselves, a cruel pragmatism, and, in the court-martial, their violent judgments of black GIs. In the end, Louis is politely dismissed from service. Guilloux's genius consists in letting us see that the translator, by his critical presence and his subtle interventions, has troubled an ideological system and must be removed from the scene. The excuse the American officers give, after a friendly dinner, is that Louis doesn't look well — they don't want to be responsible if he falls ill. Do they really believe what they say? The story ends in ambiguity (*OK, Joe* 120).

One of the things I admire most about this story is Guilloux's ability, thanks to a few foreign words that appear here and there, and

through the banal repetition of the single word "OK," to lend his
French story the sound of American words and to communicate what
the ritual of bonhomie among these soldiers amounted to. "OK" is
both a sign of "local color" (one of the foreign words he is supposed
to translate) and a sign of consensus, agreement — that is, a sign of
his own complicity in a situation that makes him extremely ill at ease.
Here, for example, is a passage from one of the manuscript drafts of
the text where, feeling his incapacity to intervene in the trial of the
black GI, Louis blames himself:

> I was plunged into a sort of bizarre inertia, I was at the mercy of what was
> happening from one minute to the next, I did nothing but I wanted to do
> something, telling myself it was not my concern. Or was no longer my con-
> cern. It seemed to me that I had lied my whole life, lied to myself. I was no
> longer sure of anything, but I was not yet, I would never be, detached or
> strong enough to be anything other than a spectator. A spectator! What
> would become of these two unhappy women... And the murderer of the fa-
> ther who would finish his young life of twenty years at the end of a rope? I
> felt as though the world were becoming too difficult for me. (*OK, Joe* ms
> 01.01.03a 135)

We see that in his manuscript versions of *OK, Joe*, Guilloux
writes in several places about "the oath of an official interpreter —
and of an accomplice" (*OK, Joe* ms 01.0.01b 98). But in the final version, what remains is simply, "the oath of an official interpreter." (*OK,
Joe* 79). He decided to eliminate anything from his rough drafts about
his own guilt, and thus make his story less introspective, more con-
nected to the situation outside himself — that is to say, to the racism
at the heart of the Army's organization and the blindness of the
American officers with respect to this racism. I'll return later to Guilloux's decision to edit out the narrator's introspection. Let's just say
for the moment that when a translator becomes the focus of a story, he
is necessarily both silent and disturbing. And for the American readers
— of which I am one — Guilloux's text has the power to make us
hear our most ordinary language in a new way.

The historical context

As I said above, Louis Guilloux, a French novelist from Brittany,
actually did serve as an interpreter for the American Army from

August 24 to October 10, 1944. Like his narrator, Louis, Guilloux translated into English the testimony of French civilians called to testify in the American courts-martial of soldiers accused of rape and murder of French civilians.

After reading *OK, Joe,* I was struck by the access that Guilloux gives us to a history that is little known in the U.S.: the consequences of racism in the army that liberated Europe from Nazism. I decided to translate Guilloux's novel into English, and at the same time I walked through the door his novel seemed to open, and started to do research on the documentary sources of the stories he told. There were no proper names and scarcely a place name in *OK, Joe*; I didn't know, when I began, how much he had fictionalized nor how much the situation he described corresponded to historical reality.

The American Army has kept records of several hundred courts-martial from the European Theater of Operations (which refers to England, France, Belgium, Luxembourg, and Germany), and they have compiled statistics and analyzed military justice in the ETO. There were 443 death sentences in the European Theater, 70 of them carried out. The charges were as follows: rape, murder, and rape followed by murder. Of the 70 men who were executed, 55 were African-American. In France, the statistics are even more unbalanced: of 191 soldiers accused of rape, 139 were black. Yet less than ten percent of the American soldiers in Europe were African-American (Kaplan, *The Interpreter* 7).

To understand this flagrant imbalance, I decided to concentrate on two courts-martial that took place in Guilloux's court-martial posting in Morlaix, Brittany — trials that Guilloux describes quite accurately (we'll see his transpositions later) in *OK, Joe*: the court-martial of a black GI, condemned to death and hanged for rape and murder in the little village of Plumaudan, and the court-martial of a white officer, acquitted for the murder of a French resistance fighter in the combat zone near Brest — the far west of the Brittany peninsula.

What Guilloux does in *OK, Joe* is very simple: he juxtaposes the two trials — U.S. v. Private Hendricks and U.S. v. Captain Whittington — and their contrasting verdicts. His story is a literary exploration of American military justice during the Liberation. Neither memoir nor document, it ends up being more effective, and affecting, than either genre.

The situation of the trials

Military justice has very different goals than civilian justice — especially in wartime. The historian Elizabeth Hillman has put it succinctly:

> Courts-martial are part of a disciplinary scheme relied upon to maintain good order among troops, to preserve the obedience and conformity deemed necessary to successful military action, and to eliminate from the military those individuals who pose a risk to other service members or to national security itself. (Hillman 879)

For the American Army, which needed to move across French territory in a very short time, the cooperation of French civilians was absolutely crucial to the war effort. General Patton said as much in a memo he sent to the commanding officers of all the units under his command, the day before James Hendricks, the black GI, killed Victor Bignon, a French farmer:

> I am gravely concerned with the increasing number of crimes of violence against French civilians which are being committed within the Army, particularly by service troops. [...] Our purpose and deeds have won for us the enthusiastic welcome and cooperation of the French people. It is not to be tolerated that a comparative few shall, by their criminal conduct, bring discredit upon us. The continued prevalence of these offenses cannot fail measurably to affect the manner in which our forces are now regarded. (Patton)

Patton ordered each commander to assemble his troops at a special formation to be held as soon as possible after the receipt of his memo, where they would "personally impress upon all members of [their] command" the seriousness of the situation. "Particularly," Patton's memo continued, "he will announce at such formation that the death penalty already has been imposed in cases of rape which took place in France."

Patton's memorandum thus underlined the reality of the death sentence for rape on French territory. He targeted the "service troops" — the quartermaster and ordnance companies that were moving weapons, food, and supplies from sea to port to battlefield. More soldiers from the service troops than any other sector of the Army were being arrested and sentenced — and "service troops" was a code for

African-American troops. Their sentences were designed both to preserve good relations with French civilians and to dissuade other soldiers, both black and white, who were called upon to observe the semi-public hanging ceremonies conducted by the U.S. Army in the communities where the crimes had taken place.

In his 1957 essay, "Reflections on the Guillotine," Albert Camus described the transition from an historical moment when a public execution was an important form of collective expiation to a period when public executions were discredited. After the execution of Eugene Weidemann in France in 1939 and Rainey Bethea in Kentucky in 1936 — both events riotous public spectacles — what was once a collective catharsis had become sordid and shameful (Camus 180 ff.). Both France and the U.S. outlawed public executions soon thereafter; from then on the state took lives behind prison walls.

Public executions were thus against the law both in France and in the U.S. in the period between 1942 and 1946 when the American Army condemned to death and executed 70 American soldiers in the European Theater of Operations. As we saw, 55 of these soldiers were African-Americans who served (to return to our theme of the "exemplary") as examples (or counter-examples), just as Patton had promised.

Let's remember that during this same period, France was conducting trials to purge itself of its Nazi collaborators in its own drive towards "exemplary justice." Prosecutor Raymond Lindon, seeking a death sentence for the writer Henri Béraud, justified his request by declaring, in an official document, that Béraud's death was "indispensable from the point of view of exemplariness" (Kaplan, *The Collaborator* 205). De Gaulle, in the end, pardoned Béraud, who was not an ideological collaborator in the style of a Robert Brasillach; Brasillach, as a champion of fascism in the French press, lent himself more easily to an exemplary death sentence. In French the phrase is "exécuté pour l'exemple." In English we would talk about a symbolic death sentence.

Jim Crow

I'd like to return now to the American scene in post-war Brittany and sketch out the historical background for the segregation witnessed by Louis Guilloux. Why did the U.S. Army separate black and white troops, restricting African-American soldiers to service units and excluding them from combat, in an entirely different form of discrimination than the one practiced by the French army? The famous "tirailleurs sénégalais" (the Senegalese sharpshooters) were sent directly to the front lines. You can find in American racist discourse in the 1940s expressions of resentment toward African-American soldiers, who supposedly faced less danger than white troops because they were almost always confined to service units and excluded from combat — although this is a specious distinction, since soldiers in the service units were also wounded and killed in the line of duty.

As soon as they were drafted, black and white soldiers belonged to two different armies. The few African-Americans who reached the rank of officer — most in service troops — were not even allowed to sleep or to eat with their fellow white officers.

We know that an American version of apartheid dominated everyday life in the U.S. from the 1870s, just after the abolition of slavery, until the civil rights movement of the 1950s and 1960s — and beyond. "Jim Crow" was not among the words and phrases that Louis Guilloux jotted down in his diary in the summer of 1944 — words he learned from his Army buddies (Guilloux, "Carnet de guerre"). If anyone had explained to him what the concept meant, he would have had less trouble deciphering a situation that left him perplexed.

As we remember, the figure known as Jim Crow was born in the 19th century — a stock character in one of the minstrel songs performed in blackface. His name came to be given to any law that reinforced segregation and prevented African-American citizens from enjoying the civil rights guaranteed by the Constitution.

Of course Jim Crow laws were more widespread in the South, where every public toilet, every movie theater, every drinking fountain was labeled "white" or "colored." But we tend to forget that federal law also sanctioned Jim Crow. For example, in 1890, Louisiana passed a law separating whites and blacks in train cars. The case of a light-skinned creole Homer Plessy, who tested the law by riding in a passenger car reserved for whites, went all the way to the Supreme Court, which ultimately upheld the Louisiana law.

The expression "separate but equal" comes from the Supreme Court's decision in Plessy v. Ferguson, and it went on to serve, in shorthand, as a rallying point and a justification for all official acts of segregation (Plessy). The banner of "separate but equal" masked the reality of "separate and unequal" in education, in public services, and the freedom to exercise countless civil rights. We associate both the culture and spirit of American racism with the South, forgetting that racial discrimination was at work throughout the nation. From California to Michigan to the state of New York, it was impossible for African-Americans to vote, to buy houses where they chose, and to marry outside their race. Jim Crow laws often determined where they ate, how they travelled, and what movie houses they went to; Jim Crow decided what hospital they would be born in and in what cemetery they'd be buried.

The American Army neither was nor is a Southern institution, and yet it practiced segregation openly and officially. Under political pressure from progressive lobbies to desegregate at the start of WWII, the Army responded that wartime was not the moment to break with social norms: the Army could not be a laboratory for social change and hope to win a war (McGuire 147). So black soldiers were kept out of combat and enrolled in service units; within the service corps, they were separated from white soldiers. There is one famous exception. In December 1944, at the Battle of the Bulge, the Army gave certain African-American soldiers the opportunity to volunteer for combat. (Too many war dead had created a dangerous lack of manpower). This experience — a clear military and social success — was an important first step in dismantling Army segregation (Kaplan, *The Interpreter* 157).

But desegregation only began officially in 1948, by presidential decree — which means that African-Americans have an especially painful memory of their WWII experience, founded in the knowledge that in addition to the enemy they were fighting on the ground, a second enemy was racism. Much of the literature on blacks in the military refers to "fighting on two fronts," or to the struggle for a "double victory" against an enemy from without and within (Takaki).

It is certainly no coincidence that Guilloux began to write about his experience of American military justice in 1964, at a time when the American civil rights movement was making headlines all over the world. This was when he began to make sense of what he had seen twenty years earlier, when he had observed the American liberators of France: a detention center filled with black soldiers, black defendants standing in terror before court-martial panels composed entirely of white officers, and finally, a single white defendant whose treatment seemed to Guilloux completely different from the rest. Separate, but unequal…

A recent study of American courts-martial in Europe by the criminologist J. Robert Lilly was first published in French translation in 2004, and served as the basis for a documentary film on French Channel 3. On the back cover of the French edition, the editors quote a shocking statistic: Lilly estimates that between 1942 and 1945, 17,000 women were raped by American soldiers in England, France, and Germany (Lilly back cover). But when you read his text, you see that the figure of 17,000 is based on a strictly hypothetical calculation — the idea that, in general, only 5% of rapes are reported. (The figure of 5% comes from a 1957 study by Leon Radzinowicz [Lilly 40 ff.]). My concern, in the French context, is that the statistic — which was repeated in the press when Lilly's book came out — will be accepted as an empirical truth.

What is surely true, given the gross racial disproportion in arrests and sentencing, is that a soldier belonging to a service unit had a much greater chance of being arrested and tried than a soldier in a combat unit (Kaplan, *The Interpreter* 88). As far as the exact number of rapes, we will never know.

The perspective that Guilloux brings to this situation through his novel is neither empirical nor quantitative. What he observed was inequality of treatment according to race, and that was what he chose to portray in his novel, juxtaposing the trials of black GIs condemned to death with the single trial of a white officer who was acquitted.

When he transformed his experience into fiction, he changed a number of details. Hendricks, the black GI condemned to death, became "the only black man in this assembly of whites" (Guilloux, *OK, Joe* 51), while in reality, Hendricks's commanding officer, who was black, testified both for his defense and for his prosecution. He must have made a powerful impression in the courtroom as the only

African-American officer, but he does not appear in Guilloux's fiction. And while Hendricks's shooting the French farmer through a closed door is transposed with remarkable faithfulness down to the smallest details — even the bullet holes in the wooden door of the Bignon farmhouse are mentioned — Guilloux omitted any reference to the sexual assault of the farmer's wife that followed the first crime. Hendricks appears in the novel as a purer victim of the system of justice than he actually was. In the story, he only committed manslaughter, while in reality, he also attempted rape. In *OK, Joe* the white Ranger captain is known as a killer who shoots down a whole row of prisoners of war. But as far as I could tell from interviewing members of his unit, Captain George Whittington (the model for the nameless Ranger in *OK, Joe*) was reported to have shot a single German officer who had just been taken prisoner (Kaplan, *The Interpreter* 101). Guilloux does not portray the scene in the court-martial itself because, in his novel, Louis the interpreter is not asked to participate — he is excluded. Yet Guilloux himself did serve as an interpreter in U.S. v. Whittington. What he does describe according to the facts of the case is the strategy of Whittington's defense lawyer, who indeed argued that the man killed by Whittington was not a genuine resistance fighter but a Nazi spy (Kaplan, *The Interpreter* 108 ff.).

Thus, as Pierre-Yves Kerloch emphasizes in his thesis on Guilloux (Kerloch 246-48), Guilloux wanted, for both literary and political reasons, to create a world that was Manichean — a world where the victims are purer and the power of the white Americans is even more arbitrary than in reality. Guilloux's literary strategy amounts to a kind of condensation, a filtering that makes certain characteristics float to the surface — characteristics of the social milieu that might otherwise have been imperceptible. The portraits and personalities in the novel are not developed; they are symbols, iconic images. A black defendant is described as an "idol" (Guilloux, *OK, Joe* 119); Hendricks is a "cat who didn't even dream of taking a leap" (49). Guilloux describes the white Ranger officer as a "big fat ogre with a large red face, grinning from ear to ear" (101). We're in the literary space of the fable here: Guilloux's Ranger character comes across as a stupid ogre, while the transcript of the actual trial shows George Whittington to be an ideal defendant who testified on his own behalf with eloquence. In Guilloux's modern fable, it's the military system, the Jim Crow Army that is rotten — Guilloux created his defendants to illustrate that system.

So the writer altered, magnified, omitted what he had once experienced, giving value and shape to a bygone world. His sources were his own: he had a few notes and letters, but no archives and no interviews. He relied mostly on his prodigious memory for scenes and voices. Yet today, the enormous archives that exist on the Jim Crow Army in Europe confirm his intuitions: through his art, he brought us closer to this history than a close analysis of any single trial transcript would have done. The distinction Dora Polachek made in her recent reading of Marguerite de Navarre between what is real and what is true can be useful here (see Polachek's article in this volume): Guilloux's story isn't always perfectly faithful to historical reality, but it is true to the deeper social issues at hand. There are certainly grounds for debate here: if Guilloux changed details from his specific cases in the interest of portraying the systematic injustice he observed, was he distorting the accuracy of his story or was he synthesizing the big picture in order to give his account greater power and meaning? What exactly does a writer owe to his or her sources in undertaking historical fiction with political resonance?

Reception

When *OK, Joe* was published in France in 1976, the reviewers agreed: what was remarkable about Guilloux was that he never preached or judge overtly. In *Le Monde,* critic Paul Morelle compared him to a boxer who never loses his nerve, who keeps his adversary at a distance, waits patiently for an opening to place his punch (Morelle 10). And he quotes this bit of dialogue:

> — But why always blacks, Bob?
> — Ah! That's a hell of a problem!
> — I know, Bob. Apparently you have to be an American to understand it. But why only blacks? It isn't a special tribunal for blacks? (Guilloux, *OK, Joe* 75)

Guilloux had always been a writer who identified with the left. His father was a shoemaker, deeply involved in his union, and the culture of both parents marked Guilloux deeply. He had left his social class behind when he became a writer, but he remained faithful. Still, in his interviews about *OK, Joe* he rejected the idea of a "littérature engagée" — a committed literature (Lapouge 11-12). A writer's responsibility, according to him, was simply to remain lucid (to show rather than tell, to use the American writing workshop shorthand). In *OK, Joe* the narrator asks the most basic question, but doesn't provide an answer: why always blacks? Nonetheless, a clear argument surfaces from the scenes and dialogues in *OK, Joe*: the black GIs whose trials he witnessed were guilty of their crimes, but the white officer was also guilty, and he went free.

In his interview with Gilles Lapouge in 1976, Guilloux explained: "Society reinforces monstrous differences among people. And gives itself permission to punish some and not others" (Lapouge 12). This was exactly why Guilloux was drawn to the narration of a trial, which served, for him, not so much as a way of eliminating those monstrous differences but as a way of showing how they were put in place and what they looked like to someone for whom they were not "natural."

In contrast with the language of the court martial, Guilloux offers, through the mediating role of the translator, a counter-discourse — the silent and disturbing discourse of the translator. In analyzing the art and craft of translation, it seems to me that we usually tend to emphasize everything that escapes when we try to go from one language and culture to another — the extent to which every translation is inadequate, or unfaithful. Here, on the contrary, it is only via the perspective of the translator, the one who is outside and foreign to the system, that the reality of racism comes clearly into view.

The end of the story

Guilloux ends his novel in a testimonial mode. Louis, the interpreter, leaves headquarters with the members of the court-martial. They are heading towards Germany. When they arrive at Saint-Quentin, Louis is too weak to continue. As I said earlier, he is politely dismissed by the army. But just before his dismissal, he has a final dinner with the officers who served on the court-martial panel, and the novel concludes with an interior monologue: "Everything I had seen came back to me. I had been a witness, and I told myself that one day, I in turn might again raise my right hand and say, 'I swear!'" (*OK, Joe* 119).

What we have here, apparently, is a truth pact within a fiction, as if Guilloux were pointing towards literary genres distinct from the novel. First, documentary fiction: we think immediately of Truman Capote's 1965 *In Cold Blood*, which put documentary fiction on the map. And second, *testimonio,* which emerges during the same period in Latin America in solidarity with national liberation movements (Beverly). Testimonio is a form where the author is no longer a great Writer but a *compilador* for a narrator who has a story that needs urgently to be told, for political and social reasons. (The classic example of a *compilador* is Elisabeth Burgos Debray, who transcribed the life story of Rigoberto Menchu.) For Guilloux, it was the little-known story of racism in the American Army that preoccupied him, and, enlightened by the political events of the 1960s, he felt an urgency in telling that story, thirty years after the fact.

"Why write?" Guilloux asked in his diaries in 1951, well before starting to work on *OK, Joe.* "To transmit… To jostle our ignorance, to bring the evidence home" (Guilloux, *Carnets* 126).

It's hard to imagine more legal a definition of the purpose of writing. Guilloux was someone who always believed in the power of testimony, in the political rather than religious sense of the term.

As I have said, we learn from the manuscript versions of *OK, Joe* that Guilloux began to work on the novel around 1964 — during the height of the civil rights movement in the U.S., known as Freedom Summer. From one liberation to another… It took Guilloux many drafts to find a form for his novel. Even the title *OK, Joe* seems to have been a last minute addition (*OK, Joe* ms 01.01.06). The first drafts use the English language phrase "All right!" (*OK, Joe* 01.01.03d). But after twelve years, he finally finished. *OK, Joe* appeared in 1976; Guilloux died four years later.

Conclusion

From what I could tell from the Guilloux papers at the Municipal Library in Saint-Brieuc, the writer's attitude towards the U.S. Army underwent a shift from 1944 to 1976. The few notes he took in the summer and fall of 1944 are idealistic, enthusiastic: "I admire the Americans' democratic spirit: even in uniform, they never stop behaving like civilians" (Guilloux, *"Carnet de guerre,"* September 1, 1944).

My sense is that his awareness of segregation only came years later, informed by the anti-racist political movements of the 1960s, both in France and the U.S. And if he had so much trouble finding a form for his story, it may well have been because of the conflict he felt between his sympathy and affection for the officers he worked with, and his criticism of the system under which they operated.

Finally, we might ask why Guilloux chose fiction rather than nonfiction to tell this story. Fiction was his genre — his greatest novel, *Le Sang noir* (1934), had marked him as both a political novelist and a writer of war stories, and his first political book, *La Maison du peuple* (1927), was already what we might call documentary fiction.

We also have to understand his choice of genre in the context of the writers of his generation (we think of Malraux and also Camus and Sartre), who considered the novel to be a powerful — perhaps the most powerful — instrument of social criticism. There are echoes of Camus's *The Stranger* (1942) in *OK, Joe,* and also of the 1947 Richard Wright novel *Native Son*, with its silent black defendant on trial for murder — a novel greatly admired by Sartre and Beauvoir. And we might add to the concept of the fictional *testimonio* the homage in *OK, Joe* to American-style detective fiction: external focalization, short punchy dialogue, a melancholy narrator who is rarely introspective. Not to mention all the English words that appear in the French text in the voice of the narrator-translator Louis, making *OK, Joe* a kind of lesson in American English. The first sentence of the novel will give you a good idea of the tone — which reminds me of a voice-over in a detective novel:

> No one in the car was talking, not the two lieutenants in the back, nor the driver I was sitting next to. It must have been around three in the afternoon. We had just left the city hall, where the lieutenants had come looking for me. (*OK, Joe* 1)

Guilloux has given us American style at the service of a *testimonio*, compiled by a narrator whose passivity, as a translator, hides his own political judgment and incites the reader to judge without anticipating the content of the judgment. The reader of *OK, Joe* is structured as a juror on a jury that has been called up to take the place of the officers on the American court-martial in Brittany, the men who pronounced exemplary death sentences on African-American GIs and who acquitted a white officer. This strategy may help us understand the recurring sentence in *OK, Joe* analyzed by the leading Guilloux scholar, Francine Dugast-Portes: "And it's true enough that a man who falls asleep closes his eyes to a lot of things…"; "Yes, it's true that a man who falls asleep closes his eyes to a lot of things…" (*OK, Joe* 40, 70).

"Wake up!" seems to be the lesson of this morality tale. "Open your eyes!" Only in the last scene in the novel, the dinner at Saint-Quentin, do we finally understand that the entire text has been a testimony under oath. The final judgment is ours to make.

Works Cited

Béraud, Henri. Dossier de justice Z 6/7 no. 102. Archives Nationales, Paris.

Beverly, John. *Testimonio: On the Politics of Truth*. Minneapolis: University of Minnesota Press, 2004.

Buckley, Gail. *American Patriots: The Story of Blacks in the Military from the Revolution to Desert Storm*. New York: Random House, 2001.

Camus, Albert. "Reflections on the Guillotine." *Resistance, Rebellion, and Death*. Trans. Justin O'Brien. New York: Knopf, 1961. 175-234.

_____. *The Stranger*. 1942. Trans. Matthew Ward. New York: Knopf, 1993.

Dugast-Portes, Francine. "Louis Guilloux: *OK, Joe!* Vigilances et nuances." *Confrontations*: *Bulletin de la Société des amis de Louis Guilloux*. Saint-Brieuc, France: 2000.

Guilloux, Louis. "Carnet de guerre," fragments d'un journal inédit tenu entre août et septembre 1944. Leo Scheer et les Fonds Louis Guilloux. Bibliothèque municipale de Saint-Brieuc, France.

_____. *Carnets 1944-1974*. Ed. Roger Grenier and Françoise Lambert. Paris: Gallimard, 1982.

_____. *La Maison du peuple*. Paris: Éditions Grasset, 1927.

_____. Manuscripts of *OK, Joe*. Fonds Louis Guilloux. Bibliothèque municipale de Saint-Brieuc, France.

_____. *OK, Joe*. Trans. Alice Kaplan. Chicago: University of Chicago Press, 2003.

_____. *Salida, suivi de O.K., Joe!*. Paris: Gallimard, 1976.

_____. *Le Sang noir*. Paris: Gallimard, 1934.

Hillman, Elizabeth. "The 'Good Soldier' Defense: Character Evidence and Military Rank at Courts-Martial." *Yale Law Journal* 108.4 (Jan. 1999): 879-911.

Kaplan, Alice. *The Collaborator: The Trial and Execution of Robert Brasillach*. Chicago: University of Chicago Press, 2000.

_____. "L'Exemplarité en procès. Roman et Histoire: *OK, Joe*! de Louis Guilloux et les cours-martiales américaines de 1944." Forthcoming in *L'Exemplarté Littéraire*. Sous la direction d'Emmanuel Bouju. Rennes: Presses Universitaires de Rennes, 2008. 333-47.

_____. *Intelligence avec l'ennemi: le procès Brasillach*. Trans. Bruno Poncharel. Paris: Gallimard, 2002.

_____. *L'Interprète*. Trans. Patrick Hersant. Paris: Gallimard, 2007.

_____. *The Interpreter*. New York: Free Press, 2005.

Kerloch, Pierre-Yves. "Louis Guilloux, romancier de la douleur." Thesis. Université de Bretagne Occidentale, 2001.

Lapouge, Gilles. Interview with Louis Guilloux. *Lire Magazine* 11-12 (summer 1976): 10-26.

Lilly, J. Robert. *La face cachée des GI's: les viols commis par des soldats américains en France, en Angleterre et en Allemagne pendant la Seconde Guerre mondiale 1942-1945.* Trans. Benjamin and Julien Guérif. Paris: Payot, 2004.

_____. *Taken by Force: Rape and American GIs in Europe During World War II.* New York: Palgrave Macmillan, 2007.

McGuire, Phillip. "Desegregation of the Armed Forces: Black Leadership, Protest, and WWII." *The Journal of Negro History* 62.2 (Spring 1983): 147-58.

Menchu, Rigoberta. *I, Rigoberta Menchu: An Indian Woman in Guatemala.* Trans. Ann Wright. Ed. Elisabeth Burgos-Debray. London: Verso, 1984.

Moreau, Alain, and Patrick Cabouat. *La Face cachée des libérateurs.* Documentary film. France 3. 24 March 2006.

Morelle, Paul. "Louis Guilloux: *O.K., Joe!*" *Le Monde* 30 July 1976: 10.

Patton, Gen. George. "Memorandum of August 20, 1944." Record Group 338, VIII Corps, 250 Series; Discipline; 250.1: Morals and conduct, January 1943-June 1945. Patton to all officers under his command, entitled: Crimes against Civilians. National Archives, College Park, Maryland.

Plessy, Homer A. v. John H. Ferguson. 163 U.S. 537. U.S. Supreme Court. 1896.

Polachek, Dora. "Is It True or Is It Real? The Dilemma of Staging Rape in Heptaméron 2." Thirty-Fifth Annual French Literature Conference. Columbia, SC. 23 March 2007. Published version in *FLS (French Literature Series)* 35 (2008).

Raaen, Gen. John. (Former Fifth Ranger Battalion Captain). Personal Interview. 18 May 2004.

Record of Trial of Captain George P. Whittington by General Court-Martial. Morlaix, Finistère, France, 25-26 September 1944. U.S. Army Clerk of Court, Alexandria, Virginia.

Record of Trial of Private First Class James E. Hendricks by General Court-Martial. Morlaix, Finistère, France, 6-7 September 1944. U.S. Army Clerk of Court, Alexandria, Virginia.

Takaki, Ronald. *Double Victory: A Multicultural History of America in WWII.* Boston: Little, Brown and Company, 2000.

FLS, Volume XXXV, 2008   Violence

Thérèse De Raedt

University of Utah

Vers le Sud: de la violence, du pouvoir, du sexe et de l'argent

Dans une petite crique à Haïti, trois femmes nord-américaines d'âge moyen passent leurs vacances en jouissant des faveurs de jeunes hommes noirs. Au-delà de cette enclave, les hommes de main à la solde du régime dictatorial de Duvalier font régner la terreur, la peur et l'insécurité sur la population locale. Cet article tente de démontrer que les touristes blancs sont préservés de cette violence latente parce qu'un accord implicite s'est établi entre eux et les autorités politiques. Dans ce contexte, tout le monde semble porter un masque et ignorer les vraies aspirations de chacun. J'explique que c'est ainsi l'incompréhension entre ces deux univers géographiques, sociaux et économiques, qui mène inévitablement au drame qui conclut le film.

Réalisé en 2005 par Laurent Cantet, le film *Vers le Sud* se déroule à la fin des années soixante-dix, quand Jean-Claude Duvalier (Baby Doc) était au pouvoir à Haïti. Deux mondes juxtaposés s'y font face. D'une part, les conditions de vie incertaines et la pauvreté de Port-au-Prince et, d'autre part, tout près de là, en bordure de l'océan, dans une petite crique, la réalité insouciante et hédoniste des touristes de l'hôtel au nom évocateur de Petite Anse.[1]

---

[1] Le film s'est inspiré, selon le générique, de trois nouvelles de l'écrivain d'origine haïtienne Dany Laferrière, rassemblées dans le recueil *La chair du maître*, paru en 1997. Selon moi il s'agit de "La maîtresse du colonel", "Les garçons magiques" et la nouvelle éponyme "Vers le Sud". Il me semble qu'on retrouve également certains éléments de "Un mariage à la campagne". Si le ton général et certains personnages ont

Le film suit le parcours de trois femmes d'âge moyen: Ellen, une Anglaise professeur de français à Wellesley près de Boston; Brenda, originaire de Savannah, en Géorgie; et Sue, Montréalaise qui s'occupe du stockage de pièces d'électroménager.[2] Toutes les trois profitent de la plage, s'amusent avec les Haïtiens et jouissent de leurs beaux corps jeunes qui, comme la beauté naturelle environnante, s'étalent devant elles. Lors d'une conversation un soir à table, elles se demandent pourquoi elles sont attirées par ces hommes noirs à Haïti. Ellen se présente comme celle qui a le plus d'expérience et qui peut donner des conseils à Brenda:

> Sue: [...] At home black guys don't interest me. Here they are really very different.
>
> Brenda: That is true. You are right. I don't know why. Is it because they are closer to nature? Is it, is it the sun? Anyway. They are more gracious.
>
> Ellen: The big difference, sweetheart, is that here you see them stripped to the waist.
>
> Brenda: I don't know if it is just that.
>
> Ellen: I know you don't know it but I am sure of it and I am also sure that it's precisely why you came back here. So, stop pretending. You didn't come here just to have a nice tan. Well... think about those cute guys. They are a dime a dozen. Take your pick.
>
> Brenda: Ellen...
>
> Ellen: Am I shocking you? Why am I shocking you?
>
> Brenda: Well, it is a bit...
>
> Ellen: Listen, I will let you in on something. I am crazy about love. Sex and love. I am not really sure anymore. I always told myself that when I am old,

---

été repris, les histoires ont été modifiées. Pour une discussion avec l'écrivain sur son œuvre voir Sroka et Delas.

[2] Charlotte Rampling incarne Ellen; Karen Young, Brenda; et Denise Portal, Sue. Elles parlent généralement anglais entre elles quand elles sont seules mais français en présence des Haïtiens. Sue est la seule touriste qu'on entend parler créole. L'emploi des langues dénonce un statut social, politique et économique: l'anglais, l'exploitation néocoloniale; le français, les vestiges du passé et un certain statut social; et le créole, le peuple, qui tant bien que mal essaie de survivre. Constatons que les actrices blanches sont connues contrairement à Legba (joué par Ménothy Cesar) et tous les autres acteurs haïtiens noirs.

I would pay young men to love me. I just didn't think it would happen so fast. Other than that, I have no problems with it. And, Brenda, listen to me, you shouldn't either. If you are too shy to pay them, just give them gifts.[3]

Dans un monologue livré face à la caméra, chaque femme, assise sur son lit, révèle pourquoi elle est venue à Haïti, ce paradis aphrodisiaque. Depuis plusieurs années, Ellen, la plus âgée (elle vient d'avoir 55 ans) passe tous ses étés à la Petite Anse et s'y fait valoir en tant qu'aînée et habituée. "C'est calme, propre. La plage est belle. Il suffit que j'arrive ici pour me sentir enfin chez moi". Elle déteste Boston, où "vraiment, il n'y a rien qui puisse de près ou de loin ressembler à Legba. [Elle] ignore comment un garçon aussi beau que lui a pu naître ici sur ce tas de fumier". Elle le paie pour qu'il lui donne sa tendresse et ses faveurs sexuelles.

Brenda, quant à elle, avait rencontré Legba trois ans plus tôt et, à 45 ans, avait connu avec lui son premier orgasme. "It was so violent. I never stopped screaming". Elle raconte comment tout avait commencé quand son mari Mark avait eu pitié de Legba, qui n'avait pas mangé depuis deux jours. Il l'avait invité à dîner avec eux: "I have never seen someone eat so much in my life". Maintenant, elle est revenue sans son mari pour assouvir sa passion violente et combler son manque.

Sue se sent libre "comme un papillon, libre de vivre sans attaches". Heureuse, elle vit au rythme du pays où "everything is different" et parle créole. Elle aime "vraiment" Neptune, qui semble avoir son âge: "J'aime Neptune, oui je crois que je l'aime vraiment. Autre part cela porte à rire mais ici c'est normal, c'est comme ça!" Avec lui "c'est pas compliqué" et elle profite pleinement des jours qu'elle passe avec lui.[4] Il trouve un peu de douceur et de repos chez elle. (On voit qu'il la rejoint dans son lit à l'aurore après avoir pêché toute la nuit. Ils dorment ensemble enlacés.)

Si Ellen et Brenda éprouvent une véritable affection pour Legba, lui demeure mystérieux: il ne parle pas beaucoup et son for intérieur

---

[3] N'ayant pas trouvé de version écrite du scénario, j'ai retranscrit tous les dialogues en français et anglais à partir de la version DVD du film. Quand les acteurs parlent créole, j'ai repris la traduction du sous-titrage.

[4] Contrairement à Legba que nous ne voyons jamais travailler, nous voyons Neptune revenir de la pêche et vendre ses poissons. Ce n'est pas par hasard qu'il porte le nom du dieu marin.

reste impénétrable. Il ne se confie pas plus qu'il n'est un confident. Comme il dit à son ami Bob: "chacun son métier. T'es un confident, pas un amant". Lui, Legba, est un amant. Il est à l'abri de la misère sexuelle qui touche Ellen et Brenda, puisqu'il peut se faire aimer sincèrement de qui il veut, mais il vit dans la misère matérielle. Par contre, Ellen et Brenda ne peuvent que se procurer l'illusion d'être aimées mais ont ce qu'il n'a pas: la liberté, l'argent et la sécurité. Ainsi s'est établi un mode d'échange (dont Ellen est très consciente mais que Brenda ignore): Legba offre à Ellen et Brenda ce qui leur manque pour suppléer à ce qui lui manque. Cet échange n'est pourtant qu'un leurre car les partenaires ne sont pas égaux. Je propose de démontrer que Legba meurt à la fin du film, précisément quand il tente de se détacher de cette économie oppressante qui l'empêche de connaître la vraie liberté.

Au-delà de cette histoire anecdotique tragique, le film peut "s'interpréter comme une métaphore du rapport Nord/Sud: comment l'Occident capitaliste exploite le Tiers Monde sous-développé, à travers l'exemple du tourisme sexuel" (Berger), et plus spécifiquement comment le continent américain continue à exploiter Haïti et la corrompt insidieusement. Les femmes blanches représentent le pouvoir économique et social mais aussi politique. Au-delà de l'enclave touristique, les hommes de main à la solde du régime dictatorial de Duvalier font régner la terreur, la peur et l'insécurité sur la population locale. J'essayerai de prouver que les touristes sont préservés de cette violence latente parce qu'un accord implicite a été établi entre eux et les autorités politiques. Les touristes apportent des devises dont le pouvoir a besoin et ce dernier leur assure la sécurité. Ce n'est qu'à la mort de Legba que cette alliance tacite se fait jour. Les trois femmes réagiront différemment à cette prise de conscience.

Finalement j'expliquerai que c'est l'aveuglement des Américaines quant à la nature meurtrière du régime de Duvalier, qu'elles soutiennent à coup de dollars, et la sujétion dans laquelle elles tiennent Legba qui mène inéluctablement au drame qui conclut le film.

Une violence suggérée d'entrée

La violence extérieure transparaît, d'emblée, dès le prologue. Insidieuse, car administrée sans raison apparente, elle est bien réelle et tue le peuple. À cet égard, le commencement est prémonitoire du reste du film.

Dans cette scène préliminaire, qui se passe à l'aéroport, Albert, le gérant de l'hôtel, qui est noir, attend Brenda. Il se trouve dans la zone réservée au public et voit les touristes qui arrivent à travers une vitre. Une femme haïtienne noire elle aussi et approchant la cinquantaine l'aborde en français. (Notons que sa connaissance du français dénonce son statut social dans la société haïtienne.) Le dialogue se passe sur fond de musique d'accordéon basée sur des chants vaudou.[5]

> Dame: Puis-je vous dire un mot, Monsieur?
>
> Albert: Je n'ai pas trop de temps, Madame.
>
> Dame: Laissez-moi vous raconter. Tout allait bien pour nous. Mon mari travaillait à la santé publique comme inspecteur sanitaire et puis, un jour, sans que je ne sache pourquoi on l'a menotté à son bureau. De ce jour, je ne l'ai jamais revu. Maintenant je n'ai plus rien. Je ne peux même pas payer mes loyers, ni l'écolage de ma fille. Ma fille, Monsieur, je suis peut-être laide, ma fille c'est un don de Dieu. Elle a quinze ans. Elle est autant belle que gentille. Elle veut être infirmière.
>
> Albert: Je suis sûr qu'elle y arrivera.
>
> Dame: Cela me rassurerai grandement, Monsieur, de la savoir avec vous.
>
> Albert: Excusez-moi, Madame. J'ai peur de ne pas très bien comprendre.
>
> Dame: Je veux vous la donner, ma fille.
>
> Albert: Madame.
>
> Dame: Regardez-la. Elle est avec moi là-bas en jaune. Cette fille a eu le malheur d'être belle et pauvre dans ce pays. Ils ne lui laisseront aucune chance. Je l'emmène partout avec moi pour veiller sur elle. Mais je sais qu'ils n'hésiteront pas à me tuer pour la prendre. Cela ne me fait rien de mourir mais je ne veux pas la leur laisser... pas elle. Je vous en prie, Monsieur, prenez-la avec vous.
>
> Albert: Non, je ne peux pas faire ça, Madame.
>
> Dame: Alors, que Dieu veille sur vous. Prenez garde, Monsieur. Les bons masques sont mélangés avec les mauvais mais tous portent un masque.

---

[5] Le générique note: "Arrangements et interprétation violoncelle et accordéon Babeth Joinet d'après les chants traditionnels vaudou interprétés par Edèle Joseph. Enregistrement Vivien Mergot".

La peur et l'amour ont amené cette dame, désemparée par la vie, à avoir recours à Albert, un homme à l'allure respectable, et à lui proposer de lui "donner" sa fille. Espérait-elle que grâce à Albert sa fille puisse entrer en contact avec l'autre monde de l'autre côté de la vitre, là où se trouvent les touristes, et ainsi échapper à la violence sournoise qui a déjà touché sa famille et qui règne partout dans le pays? Cette vitre est une barrière réelle et symbolique, à travers laquelle on peut voir l'autre monde, celui des touristes qui, eux, ne sont pas touchés par la violence ambiante. Des militaires armés les protègent discrètement, dénonçant la complicité sous-entendue entre le pouvoir et les touristes. Le mari de cette dame travaillait à la santé publique comme inspecteur sanitaire où, on peut le supposer, il avait probablement vu des choses compromettantes qu'il n'aurait pas dû voir et que, pour cette raison, "ils" l'avaient menotté et puis fait disparaître.

De l'autre côté de la vitre, Brenda arrive, impatiente de retrouver Legba. Elle a plus ou moins le même âge que la dame qui vient d'accoster Albert mais elle ignore ce qui vient de se passer et ce que des hommes et des femmes sont amenés à faire dans ce pays qu'elle retrouve. Albert, sous un masque impassible, ressent l'ignorance et l'ingénuité des touristes venant du Nord et en est affecté.

La violence intériorisée d'Albert

Comme nous le savons, l'histoire de Haïti a depuis toujours été marquée par des événements violents.[6] Albert raconte en voix-off l'histoire de ses ancêtres dans la cuisine de l'hôtel.[7] En le voyant préparer des plats pour les touristes, on apprend qu'il vient d'"une

---

[6] Dès sa découverte en 1492 par Christophe Colomb, Haïti a été une terre de violence: la population caraïbe fut décimée, il y eut ensuite la traite, l'esclavage et la fameuse révolte de St Domingue, puis l'indépendance suivie des règnes dictatoriaux et l'occupation américaine. Pour l'histoire de Haïti jusqu'en 1804 voir Dubois, *Avengers* et *Colony*, et pour l'époque contemporaine voir Delince, *Armée* et *Forces*.

[7] Albert est le seul Haïtien qui nous fait part de la mentalité de sa famille. Il le fait par le biais d'un monologue qu'il dit en français. Contrairement aux femmes qui parlent face à la caméra en étant assises sur leur lit, il prépare des plats dans la cuisine pendant qu'on entend sa voix. Tandis que les trois femmes nous avaient fait part de leurs frustrations sexuelles (et donc des préoccupations de leur histoire intime et personnelle), il nous raconte comment sa famille s'était positionnée politiquement au début du siècle (et donc quelles étaient leurs préoccupations par rapport à l'Histoire du pays.)

famille de nationalistes qui avait combattu les Américains lors de l'occupation de 1915 à 1934".

> Quand mon grand-père disait "le blanc" il pensait surtout à l'Américain, l'envahisseur, l'occupant; celui qui a osé fouler le sol de Haïti. S'il savait qu'aujourd'hui son petit-fils servait les Américains, il en crèverait de honte. Cette fois, les envahisseurs ne sont pas armés mais ils ont quelque chose de beaucoup plus dévastateur que les canons: les dollars. Résultat: tout ce qu'ils touchent pourrit sur-le-champ. Tout le pays est pourri.

Non seulement Albert sert les Américains mais en plus, dans la scène qui précède sa confession, il avait été amené, suivant "les règles de la maison", à refuser de servir son compatriote Legba, que Brenda avait invité à sa table. Selon ces "règles", Legba peut manger avec les touristes à la plage mais pas au restaurant. Ce règlement a probablement été instauré par le propriétaire de l'hôtel de la Petite Anse, peut-être un Américain, ou, du moins, selon toute vraisemblance, un blanc.[8] Albert, pour qui l'argent fait plus de mal que la force armée, contient sa violence derrière un masque faussement placide (seul son regard trahit parfois sa révolte), car il se sait "pourri" comme tout le pays mais il sait aussi que c'est le prix à payer pour survivre. Sa situation est ambiguë car si, d'une part, il est en sécurité dans cet îlot touristique et vit relativement bien (la dame à l'aéroport voulait même lui donner sa fille pour qu'il la sauve de la misère et de la violence), d'autre part, il trahit ses ancêtres, ses croyances et ses traditions familiales. Il connaît, pour reprendre Fanon, "la honte et le mépris de soi-même" (94). Pour Albert, Legba ne semble être qu'un pauvre gigolo sympa mais aussi "pourri" par l'attrait des dollars. Ironiquement, Legba est lui aussi nationaliste à sa manière. Il ne veut pas recevoir de passeport américain. À plusieurs reprises, il refuse cette offre qu'Ellen et Brenda lui font.

Les tontons macoutes, les hommes de main à la solde des Duvalier, et les militaires sont, en apparence du moins, les bienvenus au restaurant. Lors d'une grande fête animée par la musique de l'orchestre haïtien *Ti Koka et Wanga Negès*, nous voyons, à l'arrière-plan, certains macoutes attablés à côté des touristes. Albert garde un visage

---

[8] La nouvelle constitution de 1934 permettait aux étrangers d'acheter des terrains, ce que Dessalines avait défendu à l'indépendance en 1804. Voir Dubois, *Avengers* 304.

imperturbablement fermé quand il les sert. Remarquons que lors de cette fête, Legba a mis la chemise américaine que Brenda lui avait offerte. Selon Ellen, cette dernière veut le "déguiser en nègre de Harlem". Legba ne réagit pas à cette remarque et on peut se demander si ce déguisement est innocent: a-t-il mis cette chemise pour faire plaisir à Brenda ou plutôt pour disparaître parmi les touristes américains et ainsi ne pas être remarqué par les hommes au service du pouvoir? Quand il danse avec Brenda on voit, tout près de lui, un homme qui porte un revolver dans son ceinturon tandis qu'Albert veille au grain.

L'omniprésente violence urbaine

Legba ne parle jamais de la vie qu'il mène au-delà de l'enclave enchanteresse et de ce qui le préoccupe vraiment. Il ne donne qu'une seule indication aux touristes qui aurait pu leur faire comprendre qu'il a aussi une autre vie. Lors d'une conversation enjouée, à la plage, en compagnie des trois femmes, qui, couchées sur leur transat, prennent un bain de soleil en sirotant un cocktail, Ellen raconte incidemment:

> Ellen: Anna et Andréa ont été invitées au Palais Présidentiel hier soir. Une sorte de réception. Il connaît, je pense, un ministre ou je ne sais quoi. Ils disent qu'il y a là un luxc là-dedans... et puis, le buffet, il y avait de quoi nourrir toute la ville. Et les gens savent, Legba? Tout cet argent, tout ce gaspillage?
>
> Legba: Je ne sais pas. Sûrement.
>
> Ellen: Et je ne comprends pas comment vous pouvez accepter cela.
>
> Legba: Qui te dit qu'on accepte?

Ce bref échange suggère que quelques touristes (parce qu'ils sont invités par le pouvoir en place qui aime sans doute les éblouir) et des autochtones (parce qu'ils ont vent de tels festins) savent que les dirigeants de Haïti mènent la grande vie. Legba, qui est, en apparence, concentré sur son cocktail, semble dire que certaines personnes (dont lui, comme le suggère l'emploi du "on") n'acceptent pas cette situation. Est-ce à dire que ces personnes résistent activement? Ellen ne s'attarde guère à cette réplique et sur un ton badin change rapidement de sujet en expliquant l'origine du *Tequila Sunrise*. Le spectateur découvre l'aveuglement d'Ellen qui, comme sans doute bien d'autres touristes, ne saisit pas l'exacte nature de l'infâme régime dictatorial de Haïti parce qu'elle est bien trop préoccupée par son bien-être.

Dans la scène qui suit, la première où l'on voit Legba dans la ville de Port-au-Prince, celui-ci est en train de s'amuser avec des amis quand, tout à coup, se déclenche une altercation avec deux tontons macoutes. Ceux-ci refusent de payer les 10 gourdes à l'enfant qui vend les boissons. Quand ce dernier les leur réclame, l'un des deux macoutes donne un coup de pied dans son petit achalandage en lui assénant qu'il a affaire à un "chef macoute" et qu'il n'a pas d'autorisation pour vendre ces boissons. L'enfant reste pantois et l'ami de Legba, le petit Eddy, intercède en sa faveur. Les tontons macoutes rétorquent brutalement et s'approchent de ce dernier. Legba vient alors rapidement à sa rescousse, l'oblige de se taire et dit en créole aux tontons macoutes qu'il n'y a "pas de problème, pas de problème" car il a peur. Dans la séquence suivante, nous voyons Legba en train de marcher pensivement près de l'eau au son de la même musique jouée par l'accordéon que nous avions déjà entendue dans le prologue. Cette mélodie ponctue le film et reflète la violence qui scande la réalité quotidienne des habitants du pays.

Lors d'une autre visite en ville de Legba, une Mercedes aux vitres teintées se porte à sa hauteur. La porte s'ouvre et le chauffeur lui demande de monter. Legba voit, assise sur la banquette arrière, une jeune femme qu'il connaît puisqu'il lui demande en créole: "Cette fois, tu veux quoi? Quand je te vois, c'est que tu es dans la merde". Elle raconte en créole ce qui lui est arrivé, comment elle a rencontré le colonel Beauvais lors d'une veillée mortuaire où il était avec sa femme et ses filles, et comment, après avoir été remarquée par lui, Franc, son chauffeur actuel, qu'elle désigne comme son "ange gardien", l'avait retrouvée. Le Colonel l'avait sournoisement séduite par des cadeaux qu'elle avait dû accepter par crainte et pour contrecarrer la peur de son quotidien. En apparence, elle vit dans le luxe: elle porte de riches vêtements et des bijoux et a un chauffeur, mais ces signes de richesse ne sont rien d'autre que le masque qu'elle porte.[9]

---

[9] Franc n'est pas son chauffeur, qui l'amène où elle veut. Au contraire, elle est à sa merci: il donne l'ordre à Legba de monter dans la voiture et décide de la fin de l'entrevue.

Maîtresse: Quand ces gens-là veulent une chose, ils l'ont toujours. Il m'a pas laissé le choix.

Legba: Il t'a violée?

Maîtresse: Non, ça ne se passe pas comme ça. C'est des bijoux, des sourires, des cadeaux, des roses. Mais quand tu sais que celui qui t'offre ces cadeaux, ces sourires, juste pour s'amuser, peut descendre le premier imbécile qui passe... Alors, les bijoux, les roses, sont aussi froids que la mitraillette sur ta nuque.

Legba: Pourtant ça a l'air d'aller pour toi.

Maîtresse: Non, Legba. Tu es très mal placé pour me juger. Alors pas de leçon de morale. Regarde autour de nous. Regarde ma sœur: Maryse, bonne à tout faire. Elle doit coucher avec le patron, et avec son fils. Et ton cousin Makenson, qui répare des pneus sur le trottoir! Et qui se fait humilier à longueur de journée. Alors, dis-moi... Toi et moi... on est faits pour ça? Non. T'es pas d'accord?

Legba: Ça m'explique pas ce que je fais dans cette voiture. T'attends quoi de moi? Que je tue le colonel peut-être?

Tous deux ont donc été amenés à se prostituer pour survivre. Si Legba choisit avec quelle touriste (blanche) il couche, elle a été forcée de devenir la maîtresse du Colonel (noir). Ellen et Brenda offrent aussi respectivement de l'argent et des cadeaux à Legba mais ne le forcent pas à les accepter.[10] Legba semble recevoir tous ses présents avec bonheur car ils lui permettent d'améliorer son quotidien. Les cadeaux que reçoit la Maîtresse sont "froids" et le Colonel la garde prisonnière. Elle doit avoir recours à un subterfuge pour revoir Legba. Dans la voiture, elle se croit en sécurité avec Franc et se confie à Legba: elle lui demande de devenir son "ami de cœur", ce qui nous laisse supposer qu'ils étaient amants mais que les contingences de la vie à Haïti les ont maintenant séparés. Contrairement à toutes les relations sexuelles (forcées) que la maîtresse du Colonel a eues, elle valorise cette relation. Legba lui demande si elle veut qu'il tue le colonel. Est-ce qu'il lui propose cela par amour afin de la libérer de son emprise? Ou, est-

---

[10] Legba arrivait à se faire aimer par plusieurs femmes. Une femme allemande lui avait offert une chaîne en or, qu'il porte en permanence.

ce aussi par conviction politique (pour s'opposer au régime militaire corrompu)?[11]

La jeune femme a confiance en Franc et lui demande de protéger Legba. Franc examine soigneusement Legba dans le rétroviseur. Quelques scènes plus loin dans le film, quand Legba se promène en ville avec Brenda, après avoir fait le marché, la Mercedes de Franc essaie de le renverser. Franc, qui quitte son masque, en sort et pointe son revolver sur Legba, qui a juste le temps de s'échapper. Il s'ensuit une véritable chasse à l'homme à travers la ville qui se termine quand Franc perd Legba de vue.

La violence verbale à la Petite Anse

Dans l'enclave de la *Petite Anse*, les touristes vivent entre eux. Ellen se trouve si bien à la plage que chaque fois qu'elle en sort pour aller en ville, elle le regrette. Sue, par contre, "adore" les marchés et y a déjà acheté tant d'objets que "[s]a maison en est pleine". Brenda, quant à elle, est curieuse et a hâte d'aller au marché. Mais le jour où elle y était allée avec Legba, ce dernier avait été poursuivi par Franc.

Après cette course à travers la ville, Legba revient à la Petite Anse. Quand Brenda le voit, elle se jette dans ses bras tellement elle est soulagée et heureuse de le savoir en vie. Ellen les rejoint et oblige Legba à la suivre dans la cuisine (là où Albert avait ouvert son cœur). Après en avoir chassé le personne, elle le sermonne véhémentement. Dans sa colère attisée par l'angoisse, elle laisse entr'apercevoir qu'elle a eu très peur de perdre Legba. À sa manière, elle s'inquiète pour lui et craint pour son avenir. Elle veut l'aider et est prête à lui donner tout l'argent qu'il lui faut. Bien sûr, cette aide n'est pas désintéressée puisque Ellen espère ainsi conserver (en "l'achetant") Legba pour elle seule aux États-Unis. En fait, sa générosité est égoïste.

---

[11] Cette interprétation est influencée par "La maîtresse du colonel". Dans la nouvelle de Laferrière, le frère jumeau de la maîtresse du colonel Beauvais "du Corps des Léopards", "une bête assoiffée de sang humain" (194), avait été tué par le colonel lui-même. La maîtresse (du nom de Joséphine) avait choisi Marco (= Legba dans le film) comme son ami. Elle avait fomenté, à son insu mais en l'employant comme alibi, le meurtre du colonel pour venger la mort de son frère jumeau. "Un crime à la fois passionnel et politique. Une spécialité du tiers-monde" (220).

Ellen: Je peux te parler s'il te plaît? Allez. Viens. Sortez s'il vous plaît! Sortez!

Legba: Mais qu'est-ce que tu veux?

Ellen: On te croyait mort. Mais qu'est-ce qui t'est arrivé? C'était qui, ce type? Mais tu vas me répondre maintenant? Qu'est-ce qui s'est passé? Tu peux te taire mais ce n'est pas comme ça qu'on va pouvoir t'aider. D'abord, je préfère que tu ne vas pas en ville pour les jours qui viennent. Il faut que tu te fasses oublier un peu. Si tu as besoin de quelque chose, il faut me le demander. On peut trouver un [sic] solution à tout.

Legba: Écoute. Tu n'es pas ma mère.

Ellen: Quoi?

Legba: Tu n'es pas ma mère.

Ellen: Mais, ce n'est pas le moment de te foutre de ma gueule, Legba. Tu comprends pas... je... j'ai vraiment eu peur. Tu vois pas que j'essaie de t'aider. Si tu as besoin d'argent, tu me le demandes. Ce n'est pas un problème, tu le sais très bien. Mais il faut que tu restes ici à l'hôtel avec moi. Je ne te laisserai pas partir. Alors, viens maintenant dans ma chambre. Legba, Legba, si tu es vraiment en danger, je peux te protéger. J'ai de l'argent. On me respecte ici. Je peux te faire sortir du pays. Je peux t'obtenir un passeport, dès demain, si tu veux. Il faut que tu quittes cet enfer. On sera toujours ensemble. Tu n'auras rien à faire, juste être là, à profiter de la vie. Tu pourras te promener dans les rues sans avoir peur. Tu pourras penser à toi... un peu...

Après ces mots, Legba quitte Ellen. Elle lui avait proposé de la suivre aux États-Unis où "il n'aura[it] rien à faire, juste être là, à profiter de la vie". Cette vie oisive qu'elle lui promet ressemble étrangement à la vie qu'elle mène à Haïti, à la recherche d'insouciance et de plaisir, sauf que lui perdrait sa liberté en étant entièrement sous sa tutelle. Tout ce qu'elle lui propose devient ainsi "froid". Il devrait aussi quitter les siens auxquels il est attaché, contrairement à Ellen qui n'a pas d'amis à Boston. Legba n'est pas dupe; il se rend compte de sa situation, de l'échange inégal, et fuit la Petite Anse pour retrouver sa vraie mère.

Sa mère habite dans une miséreuse petite case et bien qu'elle doive avoir l'âge d'Ellen, ou probablement même être plus jeune qu'elle, elle ne connaît pas les•plaisirs des loisirs mais est, au contraire, fatiguée de lutter continuellement contre les dures réalités quotidiennes qui ont marqué son visage et son corps. Parce qu'elle vit dans un monde violent, elle s'est inquiétée pour son fils qui avait disparu pendant quinze jours. Ils se parlent en créole et elle lui dit qu'elle l'avait cherché partout, même à l'hôpital et à la prison. Heureuse d'enfin le revoir, elle l'incite à revenir vivre chez elle car elle a peur pour lui. Elle devine qu'il mène des activités subversives: "J'ai demandé à tes amis s'ils savaient où était Monsieur. Monsieur est méchant, il traîne trop dans les rues. Je suis fatiguée de Monsieur".

Contrairement à Ellen, sa mère ne peut pas lui offrir grand-chose et c'est Legba qui lui remet de l'argent. Elle l'accepte et l'en remercie, mais si elle en connaissait l'origine, elle — et je reprends ici les mots d'Albert — en "crèverait" probablement de honte. En effet, cet argent est précisément l'argent qu'Ellen avait donné à Legba en échange de ses faveurs. Legba ressent la misère de sa situation et de celle de sa vraie mère. Dans la séquence qui suit, il pleure seul dans le noir près de la case de sa mère. Il se sent terriblement frustré par sa vie et, partant, décide probablement d'aller retrouver son amie de cœur.

Dans la scène suivante, une voiture s'arrête en pleine nuit près de la plage de la Petite Anse. Dans la lumière des phares on distingue deux hommes (l'un d'eux ressemble étrangement à Franc) qui sortent deux corps du coffre et les jettent près de l'eau. Le lendemain, Albert trouvera Legba et son amie morts et nus sur la plage, cet endroit où les Haïtiens pouvaient manger avec les touristes.[12]

Un indice semble confirmer qu'il s'agit d'un meurtre perpétré par le Colonel Beauvais, Franc ou d'autres acolytes. Quand Legba avait quitté la voiture, la maîtresse du Colonel lui avait demandé de lui promettre de la revoir: "On peut se voir chez ma mère ou chez la tienne. Elle sera si contente de te voir. Chaque fois que je la vois, elle prend de tes nouvelles. Elle ne veut pas croire qu'on ne se voit plus". Depuis cette scène de retrouvailles où Legba avait demandé à son

---

[12] Il y avait certainement bien d'autres endroits plus discrets et plus logiques pour se débarrasser des corps des deux personnes assassinées, mais on peut penser que le réalisateur Laurent Cantet a préféré aller contre la vraisemblance pour finir sur une note dramatique appuyée. La vision des corps inertes, le dernier baiser que Brenda donne à Legba, etc., font basculer les dernières minutes du film vers la tragédie alors qu'elles auraient forcément eu bien moins d'impact si un policier était simplement venu informer Brenda et Ellen que celui qu'elles vénéraient avait disparu ou avait été retrouvé assassiné à l'autre bout de l'île.

amie si elle voulait qu'il tue le colonel, il a sans doute été attendu dans des lieux où il était susceptible de se rendre. (C'est ce qui explique que Franc avait déjà essayé de tuer Legba quand il était à Port-au-Prince avec Brenda.) Est-ce que le Colonel les a fait tuer par jalousie parce qu'il n'a pas supporté que Legba aille retrouver sa maîtresse? Ou se serait-il méfié de sa maîtresse et les a-t-il fait éliminer par peur qu'elle transmette des informations à Legba, ou parce qu'elle aurait vu, comme le mari de la femme du prologue, des choses compromet-tantes qu'elle aurait pu divulguer?[13] Selon cette hypothèse, Legba et son amie feraient partie d'un groupe politique (voire terroriste) qui n'accepterait pas la corruption du pouvoir.

Les réactions à la violence

A la mort de Legba, Sue, la moins égocentrique des trois femmes, essaie de soutenir Brenda et de la réconforter. Elle lui dit: "Don't leave in a huff. [...] You have to be at peace with your heart". Ce conseil d'"être en paix avec son cœur" semble correspondre à la ma-nière de vivre et d'être de Sue. Elle est en harmonie avec elle-même. Elle sait et elle accepte que "Tout est différent ici" et "C'est comme ça".[14] Cette femme qui se sent à Haïti légère comme un papillon ne change pas vraiment au cours du film et c'est elle finalement la plus clairvoyante.

Brenda, dévastée, fait son dernier adieu à Legba en l'embrassant dans l'ambulance. Ellen, qui — bien qu'elle tente de le cacher, est ef-fondrée aussi — se moque d'elle sardoniquement. Elle lui reproche son "romantic, sirupy love" et l'attaque avec une grande violence ver-bale: "your stupidity killed him". Bizarrement, Brenda commence à douter de son amour et confie à Sue: "maybe Ellen is right: maybe I didn't love Legba. [...] But I loved the way he looked at me. I cer-tainly loved that". Brenda se rend compte que Legba l'attirait passion-nément mais qu'elle n'était pas amoureuse de lui. Elle aimait d'abord

---

[13] Cette hypothèse est suggérée par l'intrigue de la nouvelle "La maîtresse du colonel". Voir note 11.

[14] À table avec Brenda et Ellen, elle dit "they [= the black guys] are very different here"; à la plage, lors d'une excursion, elle dit à Brenda "don't worry, here everything is different"; et dans le monologue face à la caméra elle répétera en français que "tout est différent ici".

l'image qu'il lui renvoyait. Ce n'est pas par hasard que cette scène se déroule devant un miroir. Fonctionnant comme métaphore, le miroir, comme Legba, lui donnent une image d'elle-même, une image qu'elle aime. Elle se met du rouge à•lèvres très voyant pour se plaire davantage. Contrairement à son mari, sa famille et ses amis qui•l'accusaient d'être "Brenda crazy•as ever", Legba la regardait sans parler ou juger. Le film se termine avec ces mots de Brenda: "I don't want anything to do with men from the North. I will visit other Islands in the Caribbean: Cuba, Guadeloupe, Barbados, Martinique, Trinidad, Bahamas. They have such lovely names. I want to know them all", et nous pouvons supposer qu'elle y vivra d'autres aventures.[15] Désormais, elle a perdu sa naïveté et a acquis une certaine assurance. Maintenant elle sait qu'elle ne pourra trouver que l'illusion de l'amour et est consciente qu'elle achète l'affection à laquelle elle aspire tant. À cet égard, elle devient en quelque sorte Ellen telle qu'elle était au début du film.

Ellen, qui se voulait forte, émancipée et franche, ne mentait pas et ne cachait pas qu'elle payait Legba pour ses faveurs. Elle aimait le voir (elle prend des photos de lui, couché sur son ventre), lui qui était si beau "qu'[elle] aurai[t] pu passer des heures à le regarder et [qui] pouvait [la] faire jouir presque sans [la] toucher". Elle est très affectée par la perte de Legba, s'en veut de s'être disputée avec lui quelques heures avant sa mort et se tourmente. Quand l'enquêteur lui dit que la dispute qu'elle avait eue avec Legba n'est pas liée à sa mort, elle ne comprend pas. Il continue: "Excusez-moi Madame. Legba n'était pas un saint. Des garçons comme lui ont mille raisons de finir ainsi. Je crois que vous ne le connaissiez pas. Vous ne saviez rien de Legba". Ellen réalise qu'en effet, elle ne le connaissait pas vraiment. Elle se demande s'il aimait cette femme, trouvée nue à côté de lui et s'imagine qu'ils faisaient "peut-être l'amour quand ils ont été tués". Elle n'avait pas considéré qu'il aurait pu vraiment aimer et être aimé non pas par une touriste mais par une compatriote.[16] Non seulement elle s'aperçoit qu'elle ignorait tout de sa vie au-delà de la Petite Anse, elle comprend tout à coup que Legba avait aussi une vie secrète et une vie

---

[15] Dans la nouvelle "Vers le Sud", Brenda vient d'un milieu religieux et très conservateur du sud des Etats-Unis. Legba représente pour elle aussi l'inconnu, une liberté par rapport à ce milieu sclérosé et étouffant.

[16] Elle s'était demandé comment les amis de Legba considéraient leur relation mais ne se souciait pas de savoir s'il avait une amie haïtienne.

amoureuse autrement plus importante pour lui que ses pseudo-aventures avec de riches touristes. Ellen se rend compte que Legba menait peut-être aussi une vie clandestine. Soudainement, elle voit clair et saisit l'artificialité de sa situation. Elle n'a plus de raison de rester plus longtemps dans cet éden factice et décide de rentrer à Boston "même si [elle] sait ce qui l'attend là-bas". Elle mesure le poids des mots de l'inspecteur: "un touriste, ça ne meurt jamais". Non seulement un touriste ne sera pas tué (car protégé par les autorités) mais un touriste restera aussi toujours un touriste, c'est-à-dire une personne qui quitte son quotidien pour son plaisir et vit dans un monde replié sur lui-même, loin des réalités qui l'entourent.

Épilogue: masques et violences

Legba vit une double vie à cheval entre son monde à Port-au-Prince et celui de la Petite Anse. Il porte un masque car il ne dévoile rien de sa vraie vie aux touristes et reste énigmatique comme son homonyme vaudou: Legba, un vodoun singulier, qui demeure impénétrable pour les non-initiés.[17] Comme le Lwa Legba entre dans les esprits humains pour les posséder par sa puissance terrible, Legba, le jeune Haïtien, a la puissance de posséder sexuellement et érotiquement qui il veut. Les frustrations sexuelles d'Ellen sont si fortes et se manifestent si violemment qu'elle aurait tout fait pour jouir des étreintes de Legba. À sa mort, elle confie à Albert: "Parfois, je croyais que j'allais mourir, qu'il ne me restait plus rien dans le corps. Rien que pour ça, j'aurais tout fait, pour ne pas le perdre, pour rester près de lui". Durant la fête où jouait l'orchestre haïtien, Brenda apparaît comme envoûtée et complètement sous l'emprise de la musique tirée du répertoire folklorique haïtien.[18] L'assistance la regarde mais Legba, inquiet, demande d'arrêter le chant. Ensuite, en dansant avec lui, elle dit à quel point il lui avait manqué: "For three years, you were the only one I could think of. I missed you. I missed you so much. It was

---

[17] Legba est l'interprète des dieux et "se tient à la porte du monde invisible" (Laferrière 181). Il est souvent comparé à St Pierre dans la religion catholique. Sur Legba, vodoun, voir Biton. Les trois touristes ne savent rien de la religion vaudou et ne semblent pas s'y intéresser.

[18] Il me semble que la scène de danse a été reprise de la nouvelle "Un mariage à la campagne" où "la musique habite son corps [= le corps d'une grosse femme] [...] Prophète [ou Legba] la suit des yeux, vaguement inquiet" (179).

like an addiction. My whole body ached: my head, my belly. It was just agony, every day, every night. Especially every night".

La dame du prologue avait quitté Albert sur une phrase prémonitoire: "Prenez garde, Monsieur. Les bons masques sont mélangés avec les mauvais mais tous portent un masque". Tous les personnages du film portent effectivement un masque. Sous le masque d'un ange gardien, Franc s'était rapidement avéré être un tueur impitoyable. Albert doit porter un masque pour survivre dans ce pays qu'il sait pourri. Il voit que les riches touristes ne comprennent pas que leurs dollars soutiennent le régime qui l'opprime, lui et ses compatriotes, mais il ne peut rien y faire. Paradoxalement, il est protégé par ces touristes, qui lui font honte.

Les trois femmes touristes venant du continent américain portent aussi un masque. Elles souffrent tellement de violentes frustrations amoureuses et de solitude dans leur quotidien chez elles, qu'elles essaient de trouver un remède en allant "Vers le Sud". Ellen, sous un masque assuré et inébranlable, voulait avoir Legba pour elle toute seule, et cela même si elle prétendait le contraire. Elle désirait tellement être aimée qu'elle était prête à expatrier son amour. Si au début du film elle trônait avec confiance et dans toute sa splendeur sur la Petite Anse, le spectateur se rend compte à la fin que ce n'était que pour masquer sa solitude extrême et sa vulnérabilité excessive. Brenda, que l'on croyait follement amoureuse de Legba, commence à douter de son amour. Elle va définitivement quitter son masque géorgien mais le remplacer par un autre. Désormais elle sait que tout en gardant le souvenir de Legba, l'amour qu'elle recherche dans les autres îles caraïbes n'est qu'un mirage, et non pas le véritable amour. Sue, quant à elle, est consciente qu'à Haïti elle porte un masque, car elle se comporte différemment qu'à Montréal.

Les Haïtiennes du film de toutes classes confondues (la mère de Legba et la femme du début en particulier) qui ont le même âge que ces touristes, sont trop préoccupées de savoir comment leurs enfants et elles vont survivre dans leur quotidien pour pouvoir se soucier de leur vie érotique. Elles ne portent pas de masque. Par amour maternel, la dame du préambule voulait "donner" (et non vendre) sa fille à Albert pour qu'il la préserve de la violence ambiante. Elle souhaitait qu'elle travaille pour lui dans ce lieu protégé, même si ironiquement ce lieu est protégé par le même régime qui avait tué son mari et allait tuer plus tard Legba. Faute de mieux, cette dame désirait que sa fille serve les touristes afin qu'elle ne soit pas tuée ou violée ou ne tombe dans la prostitution comme la maîtresse du Colonel. Sa démarche résume la tragédie du film.[19]

[19] Je tiens à remercier très vivement Dirk Clara, l'auteur de l'excellent *Les mondes parallèles de Woody Allen*, pour nos discussions et sa lecture attentive de mon texte.

Ouvrages cités

Berger, Laurence. *"Vers le Sud.* Tourisme sexuel féminin". *CommeauCinema.com*
  <http://www.commeaucinema.com/news.php3?nominfos=45907>

Biton, Marlène. "Legba, un vodoun singulier du Golfe du Bénin". *Arts d'Afrique Noire, Arts Premiers* 104 (1997): 25-34.

Delas, Daniel. "Dany Laferrière, un écrivain en liberté". *Notre Librairie. Revue des Littératures du Sud* 146 (2001): 6-9.

Delince, Kern. *Armée et politique en Haiti.* Paris: l'Harmattan, 1979.

_____. *Les forces politiques en Haïti: manuel d'histoire contemporaine.* Paris: Karthala, 1993.

Dubois, Laurent. *A Colony of Citizens. Revolution & Slave emancipation in the French Caribbean, 1787-1804.* Chapel Hill and London: University of North Carolina Press, 2004.

_____. *Avengers of the New World. The story of the Haitian Revolution.* Cambridge and London: The Belknap Press of Harvard University Press, 2004.

Fanon, Frantz. *Peau noire, masques blancs.* Paris: Éditions du Seuil, 1975.

Laferrière, Dany. *La chair du maître.* Paris: Le serpent à plumes, 2000.

_____. "Les garçons magiques". *La chair du maître.* Paris: Le serpent à plumes, 2000. 245-51.

_____. "La maîtresse du colonel". *La chair du maître.* Paris: Le serpent à plumes, 2000. 182-225.

_____. "Un mariage à la campagne". *La chair du maître.* Paris: Le serpent à plumes, 2000. 168-81.

_____. "Vers le Sud". *La chair du maître.* Paris: Le serpent à plumes, 2000. 226-44.

Sroka, Ghila. "Dany Laferrière: la chair du maître". *Île en Île* (2000).
  <http://www.lehman.cuny.edu/ile.en.ile/paroles/laferriere_chair.html>

Vers le Sud. DVD. Réalis. Laurent Cantet. Perf. Charlotte Rampling, Karen Young, Louise Portal et Ménothy Cesar. Distrib. Haut et Court. Édit. DVD Editions Montparnasse, 2006.

Michèle Chossat

Seton Hill University

À quoi rêvent les loups?
De l'animal et de l'humain selon Khadra•

En véritable ethnologue, psychologue ou sociologue des quartiers, Yasmina Khadra fait voyager le lecteur au travers des dédales sans fin du désespoir humain. L'auteur brouille les repères des victimes qui deviennent à leur tour bourreaux, au nom d'un idéal contestable et aux pratiques sans retour. En paysagiste urbain, par des images fortement contrastées, Khadra dépeint les espaces privés et publics de la fin des années 1990 et début 2000, dans les zones perturbées d'un monde qui n'en finit pas de s'autodétruire.

Dans *L'Écrivain*, Yasmina Khadra révèle sa véritable identité à ses lecteurs et à la presse, après avoir écrit sous un nom de plume — un pseudonyme féminin,[1] — une série de romans policiers dans les années 1990. Ancien officier de l'armée algérienne et par conséquent auteur quelque peu controversé, Khadra donne sa démission en 2000 afin de se consacrer totalement à sa passion littéraire et à l'écriture. Déjà traduits dans une quinzaine de langues et une vingtaine de pays, les romans de Khadra s'inspirent de son expérience et de ses observations des réalités sordides de la guerre, du terrorisme, des contradictions politiques et sociales, des besoins communautaires en opposition aux besoins individuels, et de la place de l'humain dans tout cela. Polar sociologique, historique, ethnique, ethnopolar, ou anthropolar (Naudillon, *Masques* 14), Khadra s'applique, dans ses romans poli-

---

[1] Prénoms de son épouse.

ciers noirs, à faire l'analyse des codes qui régissent la société tout en les poussant aux extrêmes. En niant les règles sociales, il crée une atmosphère de danger et de chaos tout en proposant une solution de retour à la normale. Le roman policier est pour l'auteur l'occasion de faire l'analyse de la société, de s'approprier une certaine culture, et surtout, dans le cas de Khadra, de dénoncer le désordre et l'autorité, la corruption, l'injustice et la pauvreté. C'est l'occasion de ne pas suivre les règles de la littérature classique et de dire, de décrire, dans le roman devenu document, ce dont personne ne veut parler: les abus émanant d'une société dysfonctionnelle. "Le polar est la littérature de la crise", écrit Manchette (53), fait de violence en opposition au roman policier à énigme selon la tradition anglaise. Si Khadra a choisi de commencer son œuvre par le polar, il la continue à la fin des années 1990 par des textes d'un style littéraire plus classique, bien que reprenant ses thèmes favoris qui sont la violence, le désespoir et l'ultime solitude au niveau individuel. *À·quoi rêvent les loups* est exactement cela, l'histoire du désespoir d' une jeunesse désœuvrée, au travers de la descente aux enfers de son personnage principal, Nafa Walid. Ce dernier se trouve pris dans l'engrenage du manque de débouchés et de l'attrait d'une "vie facile", résultat de petits ou grands trafics, ou la pratique de l'idéalisme religieux ou de l'intégrisme. Étonnamment, alors que la presse médiatique s'est rapidement emparée du flou qui régnait autour de la véritable identité de l'auteur dans les années 1990, avec de nombreux articles publiés dans les divers quotidiens nationaux, voire dans des magazines féminins, les critiques littéraires ont, eux, plutôt boudé le brillant talent littéraire de Khadra. À ce jour il n'existe que très peu d'études en profondeur sur son œuvre. Le livre de Naudillon porte principalement sur le polar et les années 1990. Et dans la bibliographie de la MLA, seulement quatre articles sont répertoriés sur l'auteur. Des mots qui reviennent dans ces articles sont "enfer sur terre", "désespoir", "injustice", "corruption" ou "apocalypse".

Pour Naudillon, "le polar est avant tout le roman de la jungle urbaine. Les fortes densités humaines dans les grandes métropoles favorisent les excès, la violence et les crimes. Par delà le roman d'investigation [...] la grande richesse du roman policier réside dans la peinture de ces communautés urbaines" (*Masques* 17). Étude des banlieues parfois en proie à la violence et souvent montrées du doigt dans les journaux télévisés, ou chaos social entre pourvus et dépourvus, les textes de Khadra, romans policiers ou autres, suivent l'actualité politique et idéologique. Et Naudillon d'ajouter que

> toutes les couches sociales sont présentes dans les romans, l'équipe policière formant elle-même un semblant de classe moyenne subissant de plein fouet la crise. Mais c'est dans le contraste entre l'extrême richesse et la pauvreté sordide que l'auteur illustre le mieux le mal algérien. (77)

Dans *À quoi rêvent les loups*, Khadra poursuit son observation de la société — en empruntant un ton presque kafkaïen — selon laquelle la situation des personnages n'est pas complètement perdue dès le départ, alors que tout va pour le pire à l'arrivée. Comme parfois au cinéma, ce texte commence en fait par la fin de l'histoire. En effet, le texte ouvre sur la mort dramatique du personnage principal; le ton tragique et effrayant du premier chapitre annonce le destin malheureux du héros. Contrairement au polar dans lequel le suspense est essentiel, le dénouement n'est donc pas dans ce texte ce à quoi l'auteur veut attirer le lecteur. Le dénouement n'est que le résultat de tout un système logique, presque mathématique, d'un enchaînement d'événements et de circonstances qui pourraient être évités, ou pas. C'est exactement ce à quoi s'applique Khadra dans *À quoi rêvent les loups*: une déconstruction sociale systématique, un pilier de la société après l'autre, mettant en valeur l'impossible situation, l'impasse dans laquelle se retrouvent certains jeunes des milieux urbains.

Le deuxième chapitre marque en réalité le vrai début du texte et de la narration. Le personnage principal, Nafa Walid, est un jeune, désœuvré et idéaliste, qui ne rêve que de cinéma depuis sa modeste participation à un film. Vivant dans son imaginaire, il néglige l'importance de l'école et de l'éducation et vit d'illusions, persuadé de bientôt accéder à la célébrité. Et comment l'en dissuader? En effet, dès les premières pages du texte, dans des images contrastées fortes qui caractérisent si bien l'ensemble de son œuvre, Khadra situe l'avenir des jeunes, l'avenir des carrières, le devenir de toute une société en crise, qui ne reconnaît pas les mérites de ses éducateurs à leur juste valeur:

> À l'école, je ne songeais qu'à ce qui me paraissait être la consécration. De rachat en conseil de discipline, je maintenais ma tête dans les nuages, ne me

souciant ni de la colère de mes instituteurs, ni de l'embarras grandissant de mes parents. J'étais le cancre impénitent, toujours à hanter le fond de la classe [...]. Dans un pays où d'éminents universitaires se changeaient volontiers en marchands de brochettes pour joindre les deux bouts, l'idée de détenir des diplômes ne m'emballaient aucunement. Je voulais devenir artiste. (21)

Dès lors que les enseignants du supérieur envisagent des travaux supplémentaires afin de boucler les fins de mois, le lecteur peut imaginer le statut et le niveau de vie d'autres professions aux qualifications élevées ou spécialisées. Dès les premières pages, une ambiance de désespoir et de pessimisme général au niveau de la société est mise en place et conditionne le lecteur au pire à venir. Avant même d'avoir tenté sa chance, Nafa Walid, jeune parmi les autres jeunes, se sait déjà condamné à une vie d'échec s'il essaie de réussir par les voies traditionnelles, scolaire ou familiale. L'état de déchéance dans lequel se trouve sa famille est un autre exemple que Khadra place très rapidement après avoir présenté l'ambiance sociale régnante. L'ambiance familiale ne favorise pas non plus ni la réussite, ni l'harmonie, ni la paix interne. Les personnages, masculins ou féminins, sont des personnages faibles, se contentant de leur sort, ne sachant ni être heureux ni plus malheureux, trouvant comme une certaine satisfaction ou un sens de sécurité dans la misère et le statut quo:

> Les murs de ma chambre étaient tapissés de posters grandeur nature. James Dean, Omar Sharif, Alain Delon, Claudia Cardinale m'entouraient, s'appliquaient à me préserver de la misère de ma famille: cinq sœurs en souffrance, une mère révoltante à force d'accepter son statut de bête de somme et un vieux retraité de père irascible et vétilleux qui ne savait rien faire d'autre que rechigner et nous maudire à chaque fois que son regard se crucifiait au notre. Je m'interdisais de lui ressembler, d'hériter de sa pauvreté, d'apprivoiser les vicissitudes comme s'il s'agissait là d'un fait accompli. Je n'avais pas le sou, mais j'avais de la classe, et du talent à revendre. (21-22)

À l'image de la société, la famille de Nafa Walid est également dysfonctionnelle. Traditionnelle par son organisation — père autoritaire, mère soumise et filles muettes — cette famille ouvre les yeux de Nafa, qui regarde en observateur critique l'immobilité déprimante des vies qu'il croit inutiles et qu'il rejette pour lui-même. Pensant se sortir de sa modeste condition, il accepte un emploi honnête de chauffeur pour une famille aisée. Mais dans la sphère publique comme dans l'espace privé, les problèmes d'organisation sociale paraissent insurmontables pour une jeunesse en quête de vérité et d'authenticité. En véritable peintre des quartiers, Khadra décrit le contraste qui règne entre les quartiers populaires et celui où·vivent les gens aisés. Alors qu'elle l'emmène vers ses nouveaux patrons, la voiture traverse les quartiers populaires et se lance à la conquête de la colline, telle une métaphore. Les "chaussées impeccables et aux trottoirs aussi larges que des esplanades, jalonnés de palmiers arrogants" tranchent franchement avec le "tintamarre des quartiers insalubres" (24). Dans le même ordre d'idées, les rues désertes, vides d'enfants et d'échanges, surprennent le visiteur venu tout droit des quartiers populaires et animés. Entre modernité et tradition, nantis et dépourvus, le fossé se creuse de façon inexorable et sans appel:

> Il n'y avait même pas une épicerie, ou un kiosque. Des villas taciturnes nous tournaient le dos, leurs gigantesques palissades dressées contre le ciel, comme si elles tenaient à se démarquer du reste du monde, à se préserver de la gangrène d'un bled qui n'en finissait pas de se délabrer. (24)

Piscines et sols de marbre, jardins soignés et personnel de service contrastent amèrement avec les quartiers bas de la ville, où·les habitants survivent chaque jour plus mal. Dans des descriptions soignées et très détaillées, Khadra présente d'une part le désordre, les nuisances sonores, les odeurs, la surpopulation qui dérangent, tout en montrant le côté humain du quartier; d'autre part, le quartier des gens aisés est décrit comme particulièrement inhumain: l'épicerie ou le kiosque qui prêtent au bavardage de quartier en sont bannis; les maisons n'apparaissent pas de front, mais tournent le dos à celui qui regarde; enfin les "gigantesques palissades" sont symboliques d'un monde inaccessible, froid et inaccueillant.

Nafa Walid pourrait presque se croire à une moindre distance de la réussite. Cela serait sans compter sur le dysfonctionnement de la famille aisée pour le compte de qui il va travailler. Dans le genre "nouveau riche", la famille Raja fait étalage de ses biens et traite le nouvel arrivant en commodité, un bien acquis qui n'a droit ni à la parole ni aux égards. Traité en sous-humain, corvéable à merci, soumis aux sauts d'humeur et aux abus de ses patrons, parents et enfants, il fait l'amer apprentissage de la vie d'employé soumis et dévoué. Voué

à lui-même la plus grande partie de la journée, il se morfond d'ennui
sur place, ne sachant que faire de lui-même et ne pouvant être familier
avec aucun des autres employés, pour cause de professionnalisme. Le
contraste est flagrant avec la Casbah, animée, bruyante et humaine. À
la villa, il est logé sur place gratuitement pour pouvoir répondre aux
besoins de ses patrons à n'importe quelle heure de la journée ou de la
nuit. Trempant dans des embrouilles louches et sordides, le fils de ses
patrons tente bientôt de l'entraîner avec lui dans ses coups tordus.
Nafa fait alors l'apprentissage et l'expérience de la corruption — qu'il
rejette de toutes ses forces. Alors qu'il repasse par chez lui, son père
proteste devant le nouveau téléphone qu'il n'a pas demandé. Alors
que Nafa Walid essayait sans succès de faire brancher une ligne télé-
phonique chez ses parents, il lui suffit de travailler chez les Raja pour
que la ligne soit installée en moins de vingt-quatre heures sans que lui-
même n'ait eu à formuler une nouvelle demande. Cet épisode, classique et très identifiable par de nombreux lecteurs d'origine algérienne, est révélateur d'un certain système en place. Khadra attaque et
dénonce ici le service public, une administration à deux vitesses: l'une
pour les petites gens, et l'autre pour les nantis, les gens "dignes".
Comment s'en sortir lorsque l'administration ne joue pas le jeu des
petites gens qu'elle est sensée servir? Pire encore, la mésaventure qui
tourne au cauchemar, ou le décès d'une jeune fille suite à une over-
dose ou à de la drogue de mauvaise qualité. Le fils Raja rejette ses
responsabilités et se conduit en véritable lâche. Les commentaires ou
les conseils de l'ami de Nafa renforcent le sentiment d'impuissance
face à l'administration sur laquelle le commun des mortels ne peut pas
compter. La logique est la suivante selon Dahmane:

> Réfléchis une seconde: crois-tu que la police serait ravie de ta déposition? Il
> s'agit des Raja, pas de ton voisin de palier. Te rends-tu compte de l'embar-
> ras des flics? La loi, c'est pour le menu fretin, chez nous le gros poisson est
> au-dessus. [...] Aucun commissaire ne voudra s'en mêler. (81)

L'anomalie dont parle Dahmane est en fait la goutte qui fait dé-
border le vase. Nafa est bouleversé, choqué; pire, il en est malade et
terriblement déçu. Il reste cloîtré chez ses parents pendant de longs
mois. Se posant de nombreuses questions sur la vie, sur la société, sur
lui-même, il finit par se tourner vers la religion qui l'aide à s'en sortir
tout d'abord. Mais d'une connaissance à l'autre, il se laisse entraîner

vers l'intégrisme, alors qu'il est à la recherche d'un système pur et honnête. Et là, à la manière bien réglée de la machine industrielle dans le film de Chaplin, l'engrenage, roue après roue, l'enferme et le broie davantage, le brisant dans son moi et dans ses sens, faussant encore davantage sa perception de la société, de ses règles et de ses acteurs. Le monde, tel qu'il le voit alors au travers de ses lectures religieuses, guidé par l'interprétation de ses nouveaux amis en qui il commet l'erreur de placer toute sa confiance, est un monde infâme et hypocrite, que confirme l'imam Younes qui sait profiter de la situation de faiblesse dans laquelle Nafa se trouve:

> Maintenant tu sais ce qui est juste, et ce qui ne l'est pas. Car la pauvreté ne consiste pas à manquer d'argent, mais de repères. Tu as été chez les grosses fortunes. Ce sont des gens immondes, sans pitié et sans scrupules. Ils s'invitent pour ne pas se perdre des yeux, se détestent cordialement. Un peu comme les loups, ils opèrent en groupe pour se donner de l'entrain et n'hésitent pas un instant à dévorer cru un congénère qui trébuche. [...] Tu as été aux portes de l'enfer et tu n'y es pas tombé. Au contraire, tu as pris conscience de la Vérité... (85)

Inconsciemment ou pas, l'imam profite de la situation pour asseoir l'autorité et la "vérité" de ses convictions religieuses. Dès lors, tout est permis. La deuxième partie du texte de Khadra entraîne Nafa dans des aventures plus odieuses les unes que les autres. Encouragé par le FIS, qui "venait de décréter la désobéissance civile" (92), et affligé par un événement personnel dramatique (sa promise est tuée par son frère pour une question d'honneur), Nafa se retrouve bientôt chargé de missions criminelles après avoir été le témoin passif d'actions terroristes conduites par son groupe. L'idéalisme de la vie pure de l'au-delà suffit à justifier les pires actions qu'il n'aurait certainement pas pu supporter au début du roman. Des moindres missions tout d'abord révèlent son goût du risque et la vie qui somnole en lui.

> Pour la première fois de sa vie, il se découvrait, prenait conscience de son envergure, de son importance, de son utilité en tant que personne, en tant qu'être. Il existait enfin. Il comptait. Il était fier, convaincu qu'il contribuait à quelque ouvrage grandiose, juste et indispensable. (160)

Alors, d'un hold-up facile et propre à un autre qui finit dans le sang, de l'assassinat d'un magistrat devant sa fille à l'assassinat d'un ami artiste cinéaste, également devant ses enfants, Nafa se laisse couler dans un monde de non-retour où il découvre la dureté matérielle de la vie dans le maquis, les massacres d'innocents, les règlements de compte, la torture, la jalousie et la compétition entre meneurs, les trahisons. Ce monde est également un échec pour Nafa Walid et ses compagnons car ils sont voués à la fuite et à l'errance perpétuelle, entre le désir de "toujours plus", toujours plus de morts pour se prouver qu'on existe, et le désir d'échapper à l'armée algérienne, inépuisable et infatigablement à leur trousse. Plus que les autres milieux décrits par Khadra, le milieu de l'intégrisme est selon l'auteur voué à l'échec car il justifie sa cause dans l'illégalité la plus totale et dans la fuite perpétuelle.

En conclusion, dans *À quoi rêvent les loups*, les personnages se battent tant dans la formation de l'identité individuelle que groupale. Déchirés dans une nation qui tente de se reconstruire après des décennies de colonisation et de décolonisation, ses personnages sont le reflet des luttes et des défis qui ont aussi lieu au niveau national et politique. Les personnages tels Nafa Walid luttent pour leur survie tout en tentant de trouver une signification à leur vie au niveau individuel. Si le ton est opprimant et si les histoires des romans de Khadra donnent une image pessimiste de la société algérienne des années 1990, il suggère aussi les difficultés et la complexité de se construire dans une société déchirée par des années de colonisation. Khadra n'est certainement pas le premier auteur à traiter ce thème. Mais il choisit de l'explorer dans le contexte de la guerre civile des années 1990, au moment de pressions sociales extraordinaires et dans un contexte économique difficile. L'originalité de Khadra est de pratiquer la déconstruction sociale en sociologue en même temps qu'économiste et ethnologue, mettant en évidence les systèmes généraux et complexes qui organisent la société algérienne tant au niveau individuel que communautaire et national. À partir de là, il montre les luttes intérieures de ceux qui veulent donner un sens à leur vie, ou qui y renoncent. Dans le cas de Nafa, le sentiment d'appartenance et de valeur justifie les actions cruelles dans un contexte plus large de bataille idéologique qui, selon Khadra, est tout à fait absurde et irrationnel. Au travers de ses jeunes personnages et en donnant un avis sévère sur les dérives de son pays natal, Khadra révèle pleinement les difficultés d'être jeune dans la société algérienne des années 1990, avec pour choix possibles le dur labeur et l'honnêteté qui ne payent pas, ou le moindre effort et la corruption qui finissent toujours mal.

Ouvrages cités

Déjeux, Jean. *La Littérature maghrébine d'expression française.* Paris: Que sais-je?, 1992.

Ferraro, Alessandra. "L'Enfer sur terre de Yasmina Khadra". *Ponts* 1 (2001): 55-68.

Hiddleston, Jane. "Cultural Memory and Amnesia: The Algerian War and 'second-generation' Immigration Literature in France". *Journal of Romance Studies* 3.1 (2003): 59-71.

Kaouah, Abdelmajid. "L'Histoire dévoilée de Yasmina Khadra". *Notre Librairie* 146 (2001): 70-72.

Khadra, Yasmina. *À quoi rêvent les loups.* Paris: Julliard, 1999.

_____. *L'Écrivain.* Paris: Julliard, 2001.

Manchette, Jean-Patrick. "Cain Frères & Compagnie". *Charlie Mensuel* 126 (1979) in J.-P. Manchette *Chroniques.* Paris: Payot & Rivages, 1996. 52-59.

Naudillon, Françoise. "Black Polar". *Présence Francophone* 60 (2003): 98-112.

_____. *Les Masques de Yasmina.* Ivry-sur-Seine et Yaoundé: Éditions Silex/ Nouvelles du Sud, 2002.

Mariah Devereux Herbeck

Boise State University

Narrative Assault in Laetitia Masson's *À vendre*

What happens when a detective confuses *following* with *being* the object of his search? As the narrative of Laetitia Masson's 1998 film, *À vendre*, drifts from private investigator Luigi Primo's search for France Robert, a runaway bride, to his own sordid relationships with women, traditions of narrative continuity and authority are violated. In offering a necessarily new take on the adage "violence breeds violence," this article examines the extent to which Luigi's violent disposition, as he searches for France within the narrative, is ultimately expressed as violence to the narrative itself.

> violent: "acting with or characterized by extreme force"; "of, pertaining to, or constituting a distortion of meaning or fact."
> (*Random House College Dictionary*)

> "France Robert: femme de ménage, pute et quoi d'autre? Pourquoi elle a fait ça, cette conne? Pourquoi elles nous trahissent? Pourquoi on finit toujours par payer?"
> (Luigi Primo, *À vendre*)

On several occasions, Luigi Primo, the male detective in Laetitia Masson's 1998 French film, *À vendre,* expresses frustration with his current assignment to track down France Robert, a running enthusiast turned "runaway bride" who has abandoned her fiancé, Pierre Lindien, at the altar. As witnessed above in the eighth memo that Luigi records for himself, the search for France — a woman whom he has never met — provokes intense feelings that he expresses by way of hostile vulgarities. What begins as a crude attempt at identifying the various facets of France's identity that he has discovered thus far in the case concludes in an antagonistic, injurious reflection on women in general and his sordid relationships with them. In other words, in this brief note, Luigi drifts from the task at hand — the identification of France in order to find her — to a reflection on his own life and women in general. From the specific to the general, from his mission to himself, Luigi abruptly displaces the focus of the narrative from the case to his own trials and tribulations with the opposite sex.

This abusive memo is one of many in a series Luigi presents by way of voice-over throughout the film. Through his haphazardly numbered memos — two different memos begin as "memo 13" — Luigi expresses his intense disdain for France and/or women in general. In fact, violent behavior against women — whether physical or verbal, committed by Luigi or other men — pervades Masson's film. However, Luigi's violence against France is necessarily limited, given that he has yet to meet her; at this point in the film, she exists in his mind as only a disparate compilation of witness testimonies. Consequently, physical manifestation of his angst is directed at a woman from his past whom he has far less trouble tracking down: his ex-wife. At precisely the halfway point of the film, and immediately following the scene described above, he returns to his former home to visit her and her new husband. While alone with his ex, Luigi forces her to kiss him and then subsequently pulls a gun on her in order to ask why their marriage ended: "Je veux savoir comment c'est fini, je veux savoir pourquoi." As Luigi becomes frustrated by the lack of closure in his search for France, his anger manifests itself violently with respect to a far more personal — although arguably just as difficult — case: his own failed marriage.

According to witnesses' testimonies and flashbacks about France that Luigi seems to invent or imagine, she herself is also no stranger to physical and verbal assault. As a woman on the run who defies the laws of society by abandoning her fiancé and taking up a series of odd and at times morally questionable jobs, ranging from a furniture saleswoman to a grocery clerk to a prostitute/housekeeper, she is regularly exposed to violent crimes and verbal assault. France is particularly at risk when she allows a rich businessman to pay for sex with her. However, this evening of playing "house" with a wealthy man turns into a nightmare when he forces her to perform sexual acts against her will. While being raped, she verbally protests the degrading names he calls her: "Je ne suis pas une pute." Such scenes of violence throughout *À vendre* serve to underline the socially deviant, wandering woman's vulnerability in the fictional world. As seen throughout French literature and film from Abbé Prévost's eighteenth-century Manon Lescaut and Mérimée's nineteenth-century eponymous Carmen to Godard's twentieth-century Nana in *Vivre sa vie*, an independent woman can rarely outrun the men who follow her or the dangers she must inevitably face.

However, in Masson's nearly twenty-first-century film, the narration of France's story — be it Luigi's diegetic commentary as narrative agent in the film or the extradiegetic editing of the scenes — is not impervious to the subversive influence of her perpetual movement. As demonstrated in the opening quotation to this article, a narrative that should be the story of a woman on the run increasingly turns to Luigi and his life story. France's forever ambulatory state ultimately prevents Luigi — nothing less than a detective by trade, and for whom knowing is therefore paramount — from making any truly viable knowledge claims about her. Furthermore, as France continues to move beyond Luigi's gaze and grasp, the narrative continuity and cohesion that should traditionally be his to control as primary narrative agent, are also put into question. Consequently, France's movement and Luigi's inability to tell her story coherently create moments of what I have termed "narrative drift." In other words, when Luigi fails to successfully recount France's story according to the decidedly insufficient facts that he has compiled, he either drifts back to his own life story or simply invents or imagines moments in the woman's life. As we will see in the following analysis, narrative drift becomes apparent when the "reality" of the fictional world as told by Luigi seems suspect.

As I will demonstrate, Luigi's claims on France's story are carried out by way of extreme and even aggressive identification with his elusive fugitive. Moreover, his repeated and ever-forceful attempts to self-appropriate a story not his own effectively parallel the imposing *physical* stance he takes by confronting his ex-wife at gunpoint. In offering a necessarily new take on the adage "violence breeds violence," I will examine the extent to which Luigi's violent disposition within the narrative is ultimately expressed as violence to the narrative itself.

Narrative Agency, Narrative Agony

As Luigi organizes his various detective supplies and prepares to go in search of the missing woman, his first memo reveals the prejudices that influence his investigation: "Nouveau dossier le 4 août 1997. Motif: disparition. Priorité: ramener la fille. Conclusion: Comme je l'ai prévenue, ne jamais faire confiance à une femme." In part due to such voice-overs, as well as the film's editing, we are led to believe that what is seen and heard is perceived through Luigi's eyes, ears or imagination.[1] Sound bridges — a cinematic technique whereby sound from one scene continues into a following scene — link Luigi to moments he could not have personally witnessed in France's past. As he leaves Champagne for Paris after visiting France's parents, for instance, the nondiegetic music[2] accompanying

---

[1] In *À vendre*, as in film studies in general, one cannot as neatly categorize narrative position as with literature. Although at times we are made to believe that what is seen are Luigi's thoughts in the first person, it is impossible to create a film that is "told" entirely in the first person. In fact, according to many theories of film narrative, "representing true subjectivity depends upon exploiting a spectator's shifts of attention and memory through a *blend* of subjective and objective techniques. [...] The aim is to show *how* a character thinks not just *what* a character thinks about or sees" (Branigan 145). A film told entirely from Luigi's point of view would ring false for the viewer and would be, quite frankly, awkward (see Branigan's discussion of Robert Montgomery's *Lady in the Lake* for further explanation). Thus when I refer to Luigi as the primary narrative agent of *À vendre* it is because he is the primary focalizer in the film. We hear and see events as he hears and sees them. He is the source of the various flashbacks presented in the film and it is through the information he has compiled that these flashbacks are made available to the spectator. We cannot deny his influence over the information transmitted as it becomes increasingly clear that what may start out as seemingly objective flashbacks based on witness accounts become increasingly colored by Luigi's own painful personal experiences with women and his "subjective" lens of masculine desire.

[2] See David Bordwell and Kristin Thompson's *Film Art* for complete definitions of various categories of sounds and their uses in cinema (429-34). It is important to note how the term "diegetic" has a slightly different significance in film studies than in literary studies. "Diegetic" refers to "the world of the film's story." In other words,

his driving continues into the next scene where an unknown man is behind the wheel. The viewer is thereby led to assume that Luigi is more than a mere a witness to a past event unrelated to him in time and place, and that he recalls information gleaned from interviews he has completed in Champagne. As the primary narrative agent of the film, he is the narrative impetus who, in searching for France, will guide (and control) the telling of her story — a position of privileged power further emphasized onomastically by his surname, "Primo" or "first" in Italian. Fittingly, he is the only character allowed access to narrative voice-over. As a detective, he finds France before his client does and is often portrayed as the first to decipher and understand her wanderings.

However, for as much as "Primo" may connote narrative privilege, paradoxically, it also underlines Luigi's foreign origins and therefore distance from the object of his search. As an outsider to France — both the nation and the woman — and despite his claims, France's story is "unfamiliar territory" for him. Luigi's role as the primary determiner of narrative direction is put into question by the film's post-production assembly, in particular at moments when the film disregards conventions of traditional continuity editing. For instance, during an interview in Champagne with one of France's childhood friends, Marie-Pierre Chenu, their conversation about adolescent relationships is filmed in a consistent, if not entirely medium shot. However, once the subject of their conversation changes to religion and parents, the camera, which had been filming them from outside her terrace, crosses the axis of action, and presents the two from the other side of the open-air room.[3] When music commences again and she asks Luigi to dance, the camera returns to its original position.

---

not just *how* the story is told, but all elements — visual and aural — that comprise the story and its telling. Sound can be categorized as non-diegetic (such as music that is heard by the audience but not by the characters of the film) or diegetic (for example, music coming from a radio in a character's room).

[3] "[A] scene's action [...] is assumed to take place along a discernable, predictable line. The axis of action determines a half-circle, or 180° area, where the camera can be placed to present the action. Consequently, the filmmaker will plan, film, and edit the shots so as to respect this center line" (Bordwell and Thompson 263).

According to David Bordwell and Kristin Thompson, when the camera crosses the axis of action, spectator disorientation can result:

> The 180° system prides itself on delineating space clearly. The viewer should always know where the *characters* are in relation to one another and to the setting. [...] The space of the scene, clearly and unambiguously unfolded, does not jar or disorient, because such disorientation, it is felt, will distract the viewer from the center of attention: the narrative chain of causes and effects. (265)

Unorthodox editing techniques such as this crossing of the axis of action contribute to the distorted or disjointed agency of Luigi's narrative authority. In other words, try as he may to take charge of the telling of France's story, extradiegetic editing choices distort our view of the diegetic world and his place in it. According to Laura Mulvey in her seminal essay on gendered systems of desire in film, "Visual Pleasure in Narrative Cinema," classical Hollywood film techniques are meant to privilege the male protagonist:

> [C]amera movements (determined by the actions of the protagonist), combined with invisible editing [...] tend to blur the limits of screen space. The male protagonist is free to command the stage, a stage of spatial illusion in which he articulates the look and creates the action. (11)

Instead of dominating the space around him and the story he tells — as would male protagonists of classical Hollywood — Luigi is subject to the whims of the camera and postproduction editing.

Editing is not solely to blame for narrative disorientation however, for Luigi, too, renders his clout ultimately suspicious. As already remarked above, Luigi's negative biases against women, born of his failed marriage, cloud his judgment and portrayal of France. After interviewing the wife of the wealthy man who pays to have sex with France, Luigi imagines the adulterous couple in what could be best described as a pornographic film version of this moment in France's life. As erotic music — punctuated with heavy breathing — plays in the background, France is presented laughing deviously and audaciously fanning bills in her hand while the man kisses her neck. The camera work in this sequence is more erratic than in the rest of the film and the overall tone is more fantastic and sexy than in any other flashback to France's past. As viewers, we are well aware that these images of France illustrate Luigi's thoughts and his personal problems more than facts learned from others about the woman he is pursuing. As Luigi throws a subjective spin on France's story, the narrative drifts from the task at hand — finding France — to manipulating her image and life story in accordance with Luigi's desires and frustrations. This impression is further magnified in the following scene when a drunken Luigi walks out of the bushes toward his ex-wife's home, accompanied by the voice-over presentation of the memo from the introduction to this article in which Luigi lamentingly questions women's treatment of men: "Pourquoi elles nous trahissent?"

Violent Break-In or Narrative Breakthrough?

As mentioned in the introduction to this article, Luigi pays a visit to his ex-wife at precisely the halfway point of the film. Here he experiences a motivational turning point — not only in how he narrates his search for France but in his own life. Paradoxically, in this "breakthrough" moment, France is practically absent from the entire sequence, and thus the focus of these scenes is not Luigi's search for the wandering woman, but his need to understand his own past. After depicting Luigi's violent search high and low for the runaway bride in Paris, the narrative — sidetracked as it were — drifts toward a drunken and confrontational Luigi who has returned to Marseille to menace his ex-wife and her new family.[4]

Before this night, Luigi tends to ask questions about France rather than make statements about her. In other words, he is following the typical narrative protocol to which successful detectives are apt to adhere. For instance, when interviewing Marie-Pierre Chenu, he won-

---

[4] This scene happens to be the favorite of *Cahiers du Cinéma*'s Erwan Higuinen: "C'est, dans la plus belle scène du film, Sergio Castellitto [the actor who plays Luigi] qui se rend chez son ex-femme, l'observe par la baie vitrée, puis entre, une bouteille de vodka à la main, s'installe, demande pathétiquement '*un Miko*,' puis cherche à l'embrasser; elle résiste hésitante, réticente mais immobile, comme spectatrice d'un retour de son passé" (75). Perhaps, as a male (re)viewer who failed to attach any great value to the film, he preferred this scene over others because it is the only one in which the male protagonist has any semblance of control over a woman. He fails to mention in his description that Luigi, the same Luigi who "pathetically asks for a Miko ice cream bar" also pulls a gun on his ex-wife and forces her to kiss him. On the contrary, it is not clearly evident that she is a "spectator" in this scene. She seems more unnerved and scared than passively observant.

ders: "Est-ce que France Robert lui ressemble?" and ends his search in Champagne with: "Qui est France Robert? Ici personne n'a jamais su. Fin d'enquête à Champagne." But this conventional plan of attack changes after he barges in on his ex-wife's new family. After reflecting on mysteries in his own life, he imagines and invents more about France and even assumes her identity in order to find her. Rather than repeat the pronoun *elle*, Luigi begins using *je*, and thus blends his identity with France's: "Humiliée. Je reste. Je continue. Non, je renonce, je pars. Marseille. Plus de travail. Plus d'argent. Soit être payée, soit faire payer. Je suis France Robert. Je suis France Robert. Elle me poursuit. Je suis elle. Elle est à Lindien." Luigi is confident that by having researched France's past he can now amply identify with her to know her feelings and thoughts, and essentially, to appropriate her identity for himself. Admittedly, his use of the verb "suis" can lead to confusion, as it is the first person singular form of both "to follow" — an integral component of his job — and "to be" — a dangerous consequence of his over-involvement in the case. This melding of the two possible meanings underlines his confused state and demonstrates a pinnacle of narrative drift, or perhaps a moment of "post-narrative drift" in which he no longer vacillates between her story and his own but instead assumes her identity entirely.

However, as evident in the above quotation, appropriating the identity of Lindien's missing fiancée has its consequences. In assuming her voice, Luigi becomes confused as to what his role should be. He repeats that she "belongs" not to him, but to Lindien. Subsequently, he must remind himself of his purpose: "La retrouver pour lui." In chapter 10, "Memo 13" (the first "Memo 13" of two), he again states that his mission to find France is "pour lui, pas pour moi." Contradictorily, in this same memo he decides that he must avoid contact with Lindien and again reassures himself that he is on her trail: "Elle n'est pas loin. Je la sens. Je suis France Robert. Je suis là. A côté de toi, de près, je suis là." Once more, his role in the narrative appears confused. He is no longer telling her past, but assuming to know her presently and physically, both by being near her and within her. Narrative confusion results as Luigi confounds "following" with "being" and "narrative agency" with "narrative creation." In other words, rather than objectively tell her story, he subjectively appropriates it by force and manipulates its form.

Luigi's appropriation of France's identity is eased by France's inability to speak for herself or refute his opinions and assertions. For one thing, she is denied access to the ultimate tool of narrative influence in the film and which is reserved for Luigi: voice-over. Thus, as she is portrayed in the various flashbacks of the film, her strongest tool against masculine control seems to be her silence. Throughout the film, when men she comes in contact with ask her questions, she seldom answers. When the man in a car in Champagne asks where she is going, she avoids divulging information about herself by responding with another question: "Et vous?" Similarly, she does not answer the cheating husband's inquiries into why she lets men pay her for sex. Instead, she asks him questions: "Et pourquoi tu payes? Pourquoi tu mens? Pourquoi tu trompes ta femme?" He then announces the end of their "relationship": "C'est fini. On arrête." When she does not respond, her silent unresponsiveness makes him angry: "Pourquoi tu ne dis rien, on ne sait rien." Even with her fiancé, France fails to answer questions. Lindien asks her, "Qu'est-ce que vous voulez?" to which she responds, "Rien." He insists, "Mais, tout le monde veut quelque chose" and she parrots back, "Et vous, vous voulez quoi?" By refusing to divulge her thoughts to others, she impoverishes the story of her life that others attempt to tell.

On the Right Track?

Ironically, it is France's love for jogging freely that leads to her ultimate "capture" by Luigi. After Luigi leaves investigating behind in favor of assuming her identity, he comes to the following conclusion: "Rien ne la retient. Rien ne l'appelle. Point commun à toutes les villes qu'elle a traversées: les hommes et les stades." Thus, he is led to the spot where she has supposedly been hiding in a track stadium in Marseille. France, a wandering woman, has been running essentially in place in this arena for the entirety of Luigi's investigation. However, this is coincidentally the same spot Luigi visits after assaulting his ex-wife and where he wrongly assumes: "Ici elle n'est nulle part."

Despite this glaring gaffe on his part, credit must in the end be given to Luigi for a successful case. His methods nonetheless diverge from those of a traditional detective or "profiler" — for whom *objective* biographical and demographical data are essential — since, as we have seen here, he adopts a modus operandi that is significantly subjective in nature. The case evolves into more than his life's work — it *is* his life. That said, the denouement is initially hard to swallow. Luigi starts his search with little more than a *piste* — ironically, the very place where France was hiding all along, near the *pistes*, or lanes, of the stadium. For the entire duration of Luigi's search — which led him all over France (the country) both in his travels and in his imaginary reconstruction of France's story — the missing woman has been right under his nose in Marseille. Although Luigi is aware that France runs for a pastime as of his first interview with her parents, the case is still difficult to crack. Unlike either an omniscient narrator who can know all in a linear and coherent verbal account or a savvy narrative agent within a detective story who can solve the case in a witty manner, Luigi happens to fall upon France without much fanfare.

Further confounding narrative traditions and anticipations, the film does not end with her "capture." Upon finding France, Luigi pays her for sex in a stairwell and then handcuffs her. When she refuses to return to Lindien, Luigi buys her a plane ticket for New York City. Like other fictional socially deviant women who have come before her — Carmen, Manon Lescaut, and Zola's Nana, to name a few — France is offered a trip to the "New Land" by the male protagonist. However, unlike Carmen, Manon, and Nana, the end of the fictional work does not mark the end of France's life. While in New York, she wanders the streets, is paid to have her portrait painted and to watch two homosexual men perform very aggressive sex acts. When she runs out of money and tires of panhandling, she calls Luigi up and he offers to arrange for her to return to France. We see images of France on the streets of New York City but not of either of them on the phone — their conversation is heard as a voice-over. She asks him, "Vous ne pensez pas qu'il soit trop tard?" and he answers "Je vous attends." Here the movie ambiguously ends. Are we to believe that France is interested in returning specifically to *Luigi* — whose thoughts seem fully obsessed by her in his new home of Genoa, Italy — or to her former life of vagabondage in her country of origin and namesake? As seen throughout the film, France is more likely to ask questions than to answer them, leaving others — Luigi and in this case, us, the viewers — to search for answers.

While in Italy, Luigi admits that his search is motivated by personal reasons — Luigi not only finds France, but he also seems to come to terms with aspects of his own painful violent past: "Pour la première fois je comprends mon ex-femme et les autres. Est-ce qu'il est possible de se tromper depuis si longtemps? Comment est-ce que je fais pour continuer maintenant que je sais que je suis un monstre?" One could similarly wonder if at this point he has also realized that he has been fooling himself about his ability to know and narrate France's entire story, an equally monstrous act of violence and appropriation. If his dual role of narrative agent and actant in the mimesis puts his narrative clout into question, why attempt such improbable feats? Does he claim to surpass the limits of the filmic text and (re)write the story of the woman? Whatever his motivation may be, his lack of control on a mimetic level is revealed, and instances of drift at the narrative level, or diegesis, become apparent. Luigi endeavors to ride the fence between external narrative control of the woman, and internal mimetic interaction with her, attempting to appropriate her identity for his own gain as both character and narrative agent. Narrative tension, and at times violence, erupt when he makes known his confounding of two very distinct actions — the act of "following" with that of "being" another person. Consequently, although *À vendre* portrays disturbing moments of violence against women, the most violent act of the film may be understood as diegetic in nature, a forceful rupture with traditional codes of cinematic narrative. Masson's new take on narrative, while perhaps initially confusing for the spectator due to its deliberate distortion of meaning and fact, conversely reveals traditional cinematic male narrative dominance for what it really is — "trick photography."

Works Cited

Bordwell, David. *Narrative in the Fiction Film*. Madison: University of Wisconsin Press, 1985.

_____, and Kristin Thompson. *Film Art*. New York: McGraw, 2001.

Branigan, Edward. *Narrative Comprehension and Film*. New York: Routledge, 1992.

Higuinen, Erwan. "La beauté gît dans les détails: *À vendre*." *Cahiers du Cinéma* 527 (1998): 74-75.

Masson, Laetitia, dir. *À vendre*. Perf. Sandrine Kiberlain et Sergio Castellitto. CLP, Le Studio Canal +, and La Sept Cinéma, 1998.

Mulvey, Laura. "Visual Pleasure and Narrative Cinema." *Screen* 16: 3 (1975): 6-18.

Ropars, Marie-Claire. "The Search for the Neuter: Sexual Difference and the Status of the Subject in Contemporary Films, Masculine and Feminine." *L'esprit créateur* 42.1 (2002): 122-35.

Patrick L. Day

University of Wisconsin-Eau Claire

Homeland Security: How the Community Protects the Individual from Violence in the Fiction and Films of Ousmane Sembène

Through a close reading of three of Sembène's works one can demonstrate that Sembène consciously wishes to illustrate how violence is not only futile for achieving change, but that it actually serves to harm the perpetrator. Furthermore, one understands in all of Sembène's fiction and films the message that consequences are dangerous for the protagonist who seeks to change his or her plight through individual action. Those who distance themselves from the strength and support of their native communities are doomed either to be victims of violence, or to commit violent acts themselves which lead to their demise.

In his seminal work on colonialism, *Les damnés de la terre* (1961), Frantz Fanon states that the only means by which the individual can combat colonial oppression and achieve independence is through violence: "Le paysan, le déclassé, l'affamé est l'exploité qui découvre que la violence, seule, paye" (46).

Nearly half a century has passed since most African countries were granted independence from colonial rule, and although the transition was not always peaceful, it came about largely without the widespread violence that Fanon had advocated, which is not to say that Africans were immediately better off than they had been under colonial rule. Racial prejudice and injustice still existed in the years immediately following independence, and many believe that former colonial powers continue to exploit Africans today.

In the years before independence, African writers and artists were divided on Fanon's call to arms, some believing, as he did, that Africans would never ameliorate their existence without a violent struggle against oppression. Others, like Ousmane Sembène, refused to accept violence as the only means to achieve freedom from, and equality with, European oppressors. Sembène has certainly never believed, as Fanon did, that violence is the only recourse for oppressed peoples.

Sembène, a Senegalese autodidact, worked as a stevedore on the docks of Marseille. What he discovered was that racial prejudice prevailed in post-war France, and the promise of a better life for many African immigrants was chimerical. In spite of myriad obstacles, Sembène prevailed. While in Marseille, he established a trade union for dockworkers and wrote his first novel, *Le Docker noir* (1956), which is replete with autobiographical elements. Sembène is today considered the *doyen* of African cinema. His short film, *Borom Sarret* (1963), was the first ever directed and produced by an African artist in Sub-Saharan Africa, and for twenty years (1961-1981) he wrote fiction and directed films about his native West Africa, finally choosing cinema as his primary creative medium in 1981. His last novel, *Les derniers de l'empire* (1981), brought with it the realization that his utilitarian message of social reform could be best articulated through cinema, since most of the native Africans with whom he hoped to communicate were either illiterate or unlikely to read his novels and stories, which were written in French, whereas the dialogue in his films is usually in his native Wolof and in French with subtitles. Sembène remains arguably the most important and respected African filmmaker today, not only as a pioneer of African cinema, but for his belief that he can change Africa for the better, pointing out its follies, criticizing continued Western influence, and subtly suggesting alternative ways of thinking and behaving.

Violence, when it does appear in Sembène's films, casts a tragic pall; it is a reality of human existence and must be depicted, but the viewer finds it burdensome and horrific rather than cathartic or curative. If Sembène does teach us anything about violence, it is that it is ineffectual for positive change, and his fiction and films invite no other conclusion.

Through a close reading of three of Sembène's works — one a novel, the other two films — one can demonstrate that Sembène consciously wishes to illustrate how violence is not only futile for achieving change, but that it actually serves to harm the perpetrator, rather than those at whom the violence is ostensibly directed. Furthermore, one understands in all of Sembène's fiction and films the message that consequences are dangerous for the protagonist who seeks to change his or her plight through individual action. Those who distance themselves from the strength and support of their native communities are doomed either to be victims of violence, or to commit violent acts themselves which lead to their demise.

The novel *Le Docker noir* is in many ways autobiographical. Its main character, Diaw Falla, has come to France after the Second World War to seek the promise of opportunity made by De Gaulle to Africans who fought for France during the Occupation. Diaw is a war veteran and an autodidact who works during the day as a stevedore on the docks of Marseille. By night he writes a novel and organizes a labor union in hopes of bettering conditions for his fellow dockworkers. It is when Diaw attempts to breach the racial hierarchy in France that the stage is set for his tragic downfall. Having traveled to Paris in search of a publisher for his historical novel about the nineteenth-century French slave trade, Diaw becomes romantically involved with a French writer of some renown, Ginette Tontisane. Initially promising to shepherd Diaw's manuscript into publication, Tontisane ultimately publishes it under her own name, and when Diaw discovers the betrayal, he becomes enraged and accidentally kills her.

At first glance a potboiler, *Le Docker noir* serves as a forum for Sembène to raise countless questions about racial prejudice, the injustice of the French legal system, and the sensationalism of the French press in determining the guilt or innocence of the accused. At his trial Diaw does not seek exculpation. He knows that he is guilty of the crime, and attempts by his counsel to identify mitigating circumstances are quashed by a judge and jury refusing to believe that a black man is capable of writing a novel — this despite the fact that Diaw is able to recite passages of it verbatim in his own defense. Diaw's violent act arises from a sense of futility and is born of a feeling of impotent rage. Denied every right as a human being in France, Diaw lashes out in a fateful moment, and he will pay for his act with a life of forced labor in a French prison, ironically no better off than he started as a laborer on the docks of Marseille. Awaiting trial, Diaw reflects on the irony of writing a slave narrative, finding himself in similar circumstances: "Il se souvint des esclaves de son livre. 'Pourquoi l'ai-je écrit, ne suis-je pas pareil à eux?'" (Sembène, *Docker* 42). Diaw's trial itself shows that his quest to achieve equality with whites was doomed from the beginning, as so-called expert witnesses trot out the basest of black stereotypes to condemn him, as does a doctor of the Sorbonne, who describes the black male's putative sexual obsession with white women: "Chez les Noirs, c'est une chose naturelle, et surtout quand il s'agit d'une femme blanche. Ils sont fascinés par la blancheur de la peau qui est plus attirante que celle des négresses" (54).[1] The novel is replete with passages in which journalists describe Diaw as an animal, and the prosecuting attorney portrays him as subhuman to the jurors: "[L]es journaux, rivalisant de détails sensationnels, avaient perdu toute scrupule; parce que Diaw était noir, ils ne respectaient plus rien"(26). Diaw's decision not to seek justice against Tontisane through official channels is motivated by his certainty that he will not be heard because of the color of his skin; his trial and the comments made about him in the press reaffirm what he already suspects to be true.

Diaw's novel, *Le dernier voyage du négrier Sirius*, represents an attempt to rewrite black history, which has always been told from a white perspective. As János Riesz explains, written accounts of the French slave trade were quite popular in the 1930s and 1940s in Europe, but such histories were recorded by white Europeans and intended for their own entertainment and edification. Diaw's own novelization of one such voyage represents the Africans' "reappropriation" of their own history, related from their own point of view.[2]

---

[1] In Frantz Fanon's seminal work, *Peau noire masques blancs*, the author describes the racist "*mythe sexuel*," which posits that all black men desire to be white and that they thus seek out sexual relations with white women — "*recherche de la chair blanche*" (*Peau noire* 86). Sembène's reference is no doubt directly inspired by Fanon's text. Interestingly, according to Fanon, the same obsession exists among black women, who wish to procreate with white men in order to achieve a "*lactification*" ("whitening") of their race. In both cases, much damage is done to the black psyche through the futile attempts to overcome an inferiority complex created by Whites.

[2] According to Riesz, the "*Dernier voyage du négrier Sirius* représente vraiment, dans l'économie du *Docker noir*, la réappropriation de leur propre Histoire par les Africains, et [...] le roman illustre à travers l'action du *Docker noir*, le fait que

Ironically, if white Europeans cannot prevent the reappropriation of history by black Africans, they can appropriate the African version of it as their own, as Ginette Tontisane does by claiming authorship of Diaw's novel, and as judge, jury, and press do by denying Diaw ownership of his text. As punishment for presuming to recount his own history, Diaw will end up like the slaves on the very voyage he describes: if not dead, then living in perpetual servitude. Diaw's attempt to breach the European literary world and the resultant threat to white "civilization" are considered abominations by the prosecuting attorney at his trial:

> Ce monstre prétend être l'auteur du "Négrier Sirius"! Cette insulte à nos lettres est aussi un délit. Les lettres françaises ont éprouvé une grande perte. Ginette Tontisane faisait partie de nos grands écrivains. Elle est tombée comme ceux qui vouèrent leur vie à la grandeur de la France, emportant avec eux la flamme de liberté et d'égalité. Comme ceux qui donnèrent leur vie pour sauvegarder l'indépendance nationale. Nous regrettons cette perte cruelle, ce grand esprit fauché au seuil de sa gloire. Nous devons réparation non seulement à la victime, mais à notre littérature, mais à notre civilisation. (70)

In *Le Docker noir*, although the reader can comprehend Diaw's crime of passion and its mitigating circumstances, Sembène's philosophy of anti-violence is clear, for Diaw's act is ultimately self-destructive, and his tragic fate is sealed forever. The humiliation and racist stereotyping during the trial, the assaults on his character in the press, his outrage at being denied authorship of his own novel are all ways in which violence is turned against Diaw, who had initially sought recourse to violence himself. His fiancée Catherine and their unborn child will suffer the consequences as well in their native Africa. Furthermore, because Diaw attempts, by himself, to reappropriate African history, to gain entrance into a literary world heretofore considered the exclusive domain of whites, and even to organize a labor union, he is fated to self-destruction. Far from his home and the aid of his community, Diaw ends up alone and imprisoned.

---

l'Histoire des Africains leur a été 'volée' et ne pourra pas être reprise sans employer la force, voire la violence (il y va d'un meurtre!) [...]" (184).

La Noire de... (1966) is the first feature-length film made in Africa and directed by an African. France's *Décret Laval*, enacted in 1934, had prohibited inhabitants of colonial possessions from making films critical of their lives and countries under colonial rule, and French censorship of African films would continue until 1961 and the independence of African nations. *La Noire de...* is revolutionary not only because of its African point of view, but also because that point of view portrays French exploitation of Africans. As Rachel Langford describes it, "[the film] marks a point of decisive change in the relationship of images between Africa and the West" ("Black and White" 13). Sembène, as director, reappropriates part of Africa's story, just as his protagonist Diaw Falla does in *Le Docker Noir* in his novelization of the colonial slave trade, and we see in *La Noire de...* a variation of Diaw's life from a woman's perspective. The film is based on a short story (1958) which itself was inspired by a true *fait divers* in the newspaper *Nice-Matin,* and it was initially conceived as a response to a 1958 referendum supported by Léopold Senghor to maintain economic relations with France. Sembène wanted political and economic ties severed, and wrote the story to show how the "average African worker continued to be exploited for France's economic benefit" and to highlight "Diouana's struggles against a racist and oppressive French society [...]" (Petty 308).

A young African, Diouana, follows a white family of *coopérants* from Dakar — where she had served as a governess to the children — to Antibes, where her employers have reduced her to the role of a slave, broadening her burden to include cleaning, cooking, shopping, laundry — every menial household task. As in Diaw's case, Diouana's dream of real opportunity in France is denied her, and she is virtually imprisoned and enslaved by a French family. Unlike Diaw, she turns her despair and rage not against the authors of her plight, but rather upon herself, taking her own life by slitting her throat, bleeding to death in the white family's bathtub near the end of the film.

Whether we are to interpret this horrific scene as a statement against white oppression or as an act of utter hopelessness, or both, once again Sembène recounts a cautionary tale of how violence, born of anger and despair, can doom the individual. Rachael Langford writes convincingly about the "savagery" of whites (ironically, an epithet once used by whites to describe Africans) in their treatment of Diouana, and so Diouana's final act is ambiguous:

> it may be an ironic act of revenge, a 'look how you always considered me' kind of statement. On the other hand, it is perhaps an admission of defeat, implying a refusal to contest the hierarchy in which black is always the negative term, and indicative of a submission to the hierarchy. ("Locating" 99)

In any case, the individual, violent act is in vain. Realizing much earlier than Diaw that she cannot better her existence on her own, Diouna kills herself, and her act does nothing to alter the conditions of Africans just like her who work for white families in France. However, the location of her suicide — in the immaculately white bathroom — is symbolic and in a way makes clear the mutual alienation between African and European cultures. As Langford notes,

> this most intimate room of the whites is invaded by Diouana's final proof of her own agency, her act of suicide. Diouana's suicide forces recognition that her identity is not coterminous with her employers' view of her as mere labour. ("Black and White" 19)

Throughout the film, Sembène combines story and cinematography to emphasize Diouana's cultural estrangement in France, and he makes clear that his protagonist has made the fateful choice of navigating the dangerous waters of an alien, hostile French society without the aid of her African community. As Sheila Petty has observed, the way in which Sembène constructs his camera angles is particularly effective in showing the sense of community and freedom in Diouana's native Dakar, and conversely, the prison that she inhabits in France:

> In *Black Girl's* Dakar sequences [...] Sembène imbues the cinematography with a powerful sense of Senegalese society as a communal space. Contrasting with the claustrophobic interior sequences shot in France, Diouana's Dakar flashbacks are predominantly exterior in setting. Loosely framed long and medium shots place Diouana within the context of African social space as she moves uninhibited through her environment. Here Diouana is an effective agent of her culture, able to interact meaningfully with family, neighbors and even lovers. Most importantly, this is the space of choice where she can determine the course of her own life: only when she chooses to leave this space does she give up the right to self-determination. (311)

Diouana's failure to realize how she can be an "effective agent of her culture" is dramatically revealed in a flashback to Dakar where she does a celebratory dance before her boyfriend at a monument in the *Place de l'Indépendance* to Africans who died in Europe in World War II. Diouana is elated that she will soon depart for France, the land of opportunity promised to so many Africans, but her boyfriend is disgusted by her performance, which he views as a sacrilege. The scene's significance is clear: Diouana has failed to learn from her own national history. Just as African soldiers were drafted against their will to fight in a war not of their own making, only to be treated abominably by the French both during and after the conflict, so too will Diouana suffer at the hands of the French in a continued systematic exploitation. Like many of the fallen African soldiers, she will pay with her life, and she realizes too late the price of her ignorance of the historical exploitation of Africans:

> In a matrix of political change and recoupment of identities obscured by colonisation, Diouana comes to recognize that she must choose Africa and her culture over all else, or suffer isolation from her community and therefore, from her identity. (Petty 315)

Near the end of the film we see some acquaintances of Diouana's employers, remarking on Diouana's death after having read a short description of the suicide in the *faits divers* section of the newspaper, but there is no sense that they feel in any way responsible or that they recognize their own complicity in Diouana's death, although they had indirectly contributed to it by condescending to Diouana as guests in the home where she worked. After a banal reaction to the news, they quickly return to luxuriating on the beach, immediately pushing the episode from their minds.

In contrast to the despair depicted in *Le Docker noir* and *La Noire de...*, Sembène's succeeding films are more hopeful in suggesting that substantial change is possible, and that this change must come from a community effort. His latest film, *Moolaadé* (2004), has as its subject the ritual of female circumcision still practiced in many African countries,[3] and which many individuals, including Sembène, con-

---

[3] See Kemp, "Mother Courage." In this interview Sembène claims that "female genital mutilation" is practiced in 38 of 54 member states of the African Union.

sider a violent act against women with no defensible purpose — either medical, religious, or cultural. The viewer is not surprised that Sembène's film criticizes the practice as barbaric and meaningless, for he has always portrayed strong women characters in his fiction and films, and it is fitting that he would defend their health and well-being in this film.

What is intriguing is that in *Moolaadé* Sembène proposes a solution of sorts, something that he only hints at in his other films and works of fiction, in which he prefers to expose ills, not cure them. In *Moolaadé*, he invokes the eponymous practice of the film's title, which is a tradition whereby those who are threatened are allowed recourse to *moolaadé* — the inviolable principle of asylum — in order to secure a safe haven from those who might harm them, in this case, by demanding their circumcision (genital excision, as it is referred to in Africa). Ironically, Sembène uses tradition to fight tradition in his film by invoking the practice of *moolaadé*, the continuing existence of which, as he has stated in interviews, is unknown to most Africans today. In the film, one mother, Collé Ardo Gallo Sy, takes in four girls (one of them her own daughter), offering them safety from those who would do violence to them (Collé herself has lost two children due to complications stemming from genital excision). Collé's cause grows as news spreads from village to village, and religious leaders, the village patriarchs, and the *Salindana* (a sorority whose charge is to ensure the circumcision) become increasingly frustrated and perplexed by their lack of influence over events.

What distinguishes *Moolaadé* from *La Noire de...* and *Le Docker noir* is that the female protagonists under the protection of *moolaadé* do not resort to violence — either against themselves or against others — as a response to an initially hopeless situation. In contrast to Diaw and Diouana, the girls in danger in this film seek refuge in a community of other girls, protected by an elder. Diaw and Diouana are isolated both geographically and emotionally, inhabiting France as they do, and they have no such communal protection. Simply put, there is safety in numbers. The two girls who do break from this communal safety meet tragic ends — two are found at the bottom of a well, apparent suicides, and the other dies after undergoing genital excision, having been removed from the safety of *moolaadé* by her own mother. Interesting also is that a peripheral character, *Mercenaire*, a man who speaks out against genital excision and who stops the public flogging of Collé by her irate husband, leaves the village on his own, but is tracked down and murdered by a mob of village men. Sembène's message is clear. When the individual acts alone, he or she is susceptible to violence. Mercenaire is representative of the complex characterization found in most of Sembène's films, as the director tends to avoid facile stereotypes. At first glance a lothario and a profiteer selling overpriced goods to villagers, Mercenaire transcends such judgments. We learn that he was dishonorably discharged from the army when he became the *porte-parole* speaking out against senior officers who had been stealing wages from soldiers. An admirable character in his sense of justice, Mercenaire suffers in the end for the presumption that he can effect change individually.

Also important to note, especially in light of criticisms leveled above in *Le Docker Noir* and *La Noire de...*, is that Sembène does not wish to imply that all of African tradition is good, while all of European culture is bad. In *Moolaadé* we see an attempt by the majority in an African village to maintain a practice that Europeans on the whole would rightly find barbaric. In other words, community can be harmful to the individual. However, it is clear also that the individual cannot change community opinion by himself or herself, as Mercenaire and the young suicides show in the film. What is important, as Jude Akudinobi has eloquently pointed out, is that just as African communities are capable of establishing and maintaining deleterious practices such female circumcision, so too are they capable of correctives when consensus is garnered by a collective working together to effect change and mount communal dissent:

> The struggles in the film are not those of absolute good against absolute evil. Rather, they articulate a preliminary process at the grassroots, a resistance that does not assert itself at the expense of specificity, culture, and certain material realities. The cultural, social, and historical processes at work in the narrative show that African systems can generate their own systems and circuits of dissent. (190)

Mamadou Diouf reiterates this idea, explaining that even if Sembène's vision of African unity and Pan-African solidarity is not always fully articulated, he attempts in all of his films to represent a history that describes the varied identities of his protagonists and the daily challenges faced by them, rather than oversimplify African cultural and historical experience, as Europeans have done through decades of filmmaking:

> C'est cette histoire-là que Sembène appelle de ses vœux, non pas une histoire monument, mais une histoire qui représente, exclut, s'esclaffe et reflète le quotidien et l'imaginaire des acteurs. Même si les constructions identitaires alternatives qui forcent la mémoire nationaliste au repli ne vont pas nécessairement dans le sens voulu par le cinéaste sénégalais, l'unité africaine et la promotion de l'idéologie panafricaniste. (365)

Change is effected in *Moolaadé* because women band together to validate Collé's promise that "no girl will ever get cut again." The *Salindana* are forced in the end to relinquish their knives, and even Collé's husband, Ciré, capitulates. Collé and her "women warriors," as she refers to them, will ensure that young women of the village, including Collé's daughter Amsatou, will never face the danger of genital excision. As Amsatou herself tells her betrothed, Ibrahima, "I am and shall remain a *Bilakoro*," the latter term disparagingly used to describe "impure" women, women who have not been "purified" through genital excision.

The threat of violence is ever present in Sembène's fiction and films, whether it take the form of clashes between soldiers and women in his film *Camp de Thiaroye* (1987), or between African workers and French railroad administrators in his novel *Les bouts de bois de Dieu* (1960). However, the depiction of violence as a reality and the advocacy of it as a viable means of achieving justice are two entirely different matters. Sembène depicts what exists, but he does not suggest that the reality of violence is an admirable, or even an inevitable, one. He believes that the best way to guard against violence is to seek support in the community. Individuals acting alone are ultimately in danger of violence from a larger, more powerful group, or of resorting to a fruitless act of violence themselves. In discussing the importance of community, Sembène, an avowed Marxist socialist, explains in a recent interview his approach to "communal filmmaking," in which there is no single character more important than another: "We are not alone within our communities [...]. There are instead people with differences and points in common" (Rapfogel and Porton 24). Françoise Pfaff remarked over two decades ago Sembène's tendency to reject "heroes who are essentially individualistic in nature [...]," and in citing an interview with Sembène, she recorded the artist's contention that the individual hero is a European construct with little relevance to Africans, who understand heroes only insofar as they function within a communal framework (125). Sembène's belief is that because Africa's problems are shared by all, so too must be the fight for justice.

<h3 style="text-align:center">Works Cited</h3>

Akudinobi, Jude G. "Durable Dreams: Dissent, Critique, and Creativity in Faat Kiné and Moolaadé." *Meridians: feminism, race, transnationalism* 6.2 (2006): 177-94.

Diouf, Mamadou. "Des Historiens et des histoires, pour quoi faire? L'Histoire africaine entre l'état et les communautés." *Canadian Journal of African Studies / Revue Canadienne des Études Africaines* 34.2 (2000): 337-74.

Fanon, Frantz. *Les damnés de la terre*. Paris: François Maspero, 1961.

_____. *Peau noire masques blancs*. Paris: Éditions du Seuil, 1952.

Kemp, Philip. "Mother Courage. " *Sight and Sound* 15.6 (2005): 40-41.

Langford, Rachael. "Black and White in Black and White: Identity and Cinematography in Ousmane Sembène's *La Noire de.../Black Girl* (1966)." *Studies in French Cinema* 1.1 (2001): 13-21.

_____. "Locating Colonisation and Globalisation in Francophone African Film and Literature." *French Cultural Studies* 16.1 (2005): 91-104.

Petty, Sheila. "Mapping the African 'I': Representations of Women in *La noire de...* and *Histoire d'Orokia*." *Social Identities* 6 (2000): 305-21.

Pfaff, Françoise. *The Cinema of Ousmane Sembène, A Pioneer of African Film*. Westport: Greenwood Press, 1984.

Rapfogel, Jared, and Richard Porton. "The Power of Female Solidarity: An Interview with Ousmane Sembène." *Cineaste* 30.1 (Winter 2004): 20-25.

Riesz, János. "*Le Dernier voyage du Négrier Sirius*: Le roman dans le roman" [Dans *Le Docker noir* (1956) d'Ousmane Sembène]. *Sénégal-Forum: Littérature et Histoire*. Ed. Papa Samba Diop. Frankfurt am Main: Iko-Verlag für Interkulturelle Kommunikation, 1995.

Sembène, Ousmane. *Le Docker noir*. 1956. Paris: Editions Présence Africaine, 1973.

_____, director. *Moolaadé*. Production company Ciné-Sud Promotion. 2004.

_____, director. *La Noire de...*. Production company Les Films Domirev (Senegal), Actualités françaises (France). 1966.

The Body as Medium and Metaphor

Hannah Westley

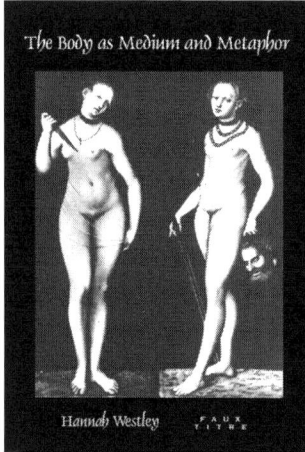

Reconsidering the relationship between autobiography and self-portraiture, *The Body as Medium and Metaphor* explores the intertextuality of self-representation in twentieth-century French art. Situating the body as the nexus of intersections between the written word and the visual image, this book rethinks the problematic status of the self. Starting at the twentieth-century's departure from figurative and mimetic representation, this study discusses the work of seminal artists and writers — including Marcel Duchamp, Michel Leiris, Francis Bacon, Bernard Noël, Gisèle Prassinos, Louise Bourgeois and Orlan — to articulate the twentieth century's radical revisions of subjectivity that originated from and returned to representations of the word, the image, and the body.

This volume will be of interest to students of both French Literature and Art History, particularly those who are interested in the interdisciplinary exchanges between visual arts and literature.

Amsterdam/New York, NY, 2008 212 pp.
(Faux Titre 312)
Paper € 42 / US$ 63
ISBN: 9789042023987